ESTE MOMENTO ES TU MILAGRO

HERRAMIENTAS ESPIRITUALES PARA TRASCENDER EL MIEDO Y EXPERIMENTAR EL PODER DEL MOMENTO PRESENTE

EL GRANO Đ MOSTAZA

Título: Este momento es tu milagro
Subtítulo: Herramientas espirituales para trascender el miedo y experimentar el poder del
momento presente.
Autor: David Hoffmeister

Primera edición en España: septiembre de 2019

© para la edición en España, El Grano de Mostaza Ediciones

Traducción: Miguel Iribarren
Impreso en España
Depósito Legal: B 19226-2019
ISBN: 9788412072402

El Grano de Mostaza Ediciones, S.L.
Carrer de Balmes 394, principal primera
08022 Barcelona, Spain
www.elgranodemostaza.com

ESTE MOMENTO ES TU MILAGRO

HERRAMIENTAS ESPIRITUALES PARA TRASCENDER EL MIEDO Y EXPERIMENTAR EL PODER DEL MOMENTO PRESENTE

David Hoffmeister

Prólogo de Alan Cohen

Este libro está dedicado al grupo de personas con las que he vivido durante años, que han consagrado sus vidas a experimentar la verdad interna: la Comunidad Espiritual Mundial de los Milagros Vivientes. Me siento honrado por vuestra dedicación y devoción, y conmovido por vuestra bondad y generosidad. No tengo palabras para expresar adecuadamente mi gratitud.

El amor es completamente transparente; es un libro abierto.

CONTENIDOS

CONTENIDOS

PRÓLOGO

Es fácil hablar de ideas espirituales, pero es más difícil vivirlas. Cuando surge un maestro espiritual que realmente practica lo que predica, todos los que lo miran se sienten bendecidos por la rara oportunidad de aprender, sanar y crecer. Así es David Hoffmeister.

Cuando descubrí a David a través de sus vídeos de YouTube, me impresionó profundamente su claridad, autenticidad, sentido de propósito y sencillez. Demuestra autoridad y es consistente. David ha dedicado su vida a probar y enseñar los principios de *Un curso de milagros*.

Yo he estado con el Curso aproximadamente el mismo tiempo que David, pero sigo encontrando miedo, resistencia y ego. David ha sido una enorme inspiración y un acelerador en mi avance con el Curso a través de su enseñanza impecable y, lo más importante, siendo un modelo. Si tienes la intención sincera de llegar a dominar *Un curso de milagros* o algún camino espiritual relacionado, David es un guía del calibre más alto.

Un curso de milagros es un deleite para el espíritu, pero una enorme confrontación para el ego. Desnuda los trucos del ego y lo expone como la nada que es. Por esta razón, todos los estudiantes del Curso experimentan resistencias al programa. Muchos estudiantes abandonan las lecciones y otros se quejan: "No entiendo el texto". Sin embargo, esos mismos estudiantes admiten: "Sé que el Curso contiene verdades que pueden cambiar mi vida, pero me gustaría que fuera más fácil de aplicar".

El libro que tienes en las manos puede ayudarte a hacer exactamente eso. Es un mapa esclarecedor del viaje del miedo al amor. David toma los principios esenciales del Curso y los divide en ideas fáciles de entender, ejercicios y pasos para ayudarte a hacer que las verdades funcionen en tu vida. David puede llevarte donde quieres ir porque él antes ya ha recorrido el camino que tú y yo recorremos ahora. Él sabe dónde está la buena senda y dónde podemos encontrarnos algunos escollos. Abre, aprende, despierta y transfórmate.

En una de sus enseñanzas, David menciona que Mahatma Gandhi mantuvo su paz mental incluso cuando estaba en prisión. Este admirado líder escribió algunos de sus mejores pasajes allí. La lección que David extrae es que lo que nos hace felices o desdichados no es lo que nuestro cuerpo hace, sino dónde está nuestra mente. Al oír esto, recordé a Ray, un prisionero al que solía visitar. Mientras Ray estaba en la universidad, tuvo un ataque de ira y pegó a su novia. A los pocos días, ella murió. Ray fue condenado por asesinato y sentenciado a muchos años de prisión. Yo lo conocí durante su noveno año en la cárcel, cuando estaba solicitando la libertad condicional por tercera vez.

—Los padres de mi novia son ricos e influyentes políticamente —me dijo—. Cada año, cuando llega la hora de solicitar mi libertad condicional, realizan una campaña intensiva para "mantener al perverso asesino fuera de las calles". Hasta ahora han tenido éxito, y se me ha negado la condicional.

Yo no veía a un perverso asesino delante de mí. Al contrario, el Ray que yo conocía era un hombre amable, bondadoso, que hacía penitencia por su trágico error. Era un prisionero modelo, por lo que le habían dado los mayores privilegios y había sido designado director de la lavandería de la prisión. Era un estudiante aplicado de *Un curso de milagros*. Era pacífico, su corazón estaba abierto y exhibía una disposición ejemplar.

Las actitudes de Ray, por un lado, como las de los padres de su novia, por otro, fueron una gran enseñanza para mí. Su cuerpo estaba en prisión, pero su espíritu estaba elevándose; en cambio, aquella pareja tenía todas las comodidades materiales y la libertad física que pudieran desear, pero sus corazones estaban consumidos por el odio y la venganza. ¿Quién estaba verdaderamente en prisión?

Después de recorrer el camino espiritual durante muchos años, he observado que existen dos tipos de seminarios: uno de ellos nos enseña a conseguir cosas; el otro tipo nos enseña a ser libres. Las enseñanzas de David están entre las mejores de estas segundas.

Cuando conocí a David, le dije que veía sus vídeos de You-Tube y leía sus libros cada noche antes de ir a dormir. Sumergirme en sus ideas y conciencia es una manera sanadora y aliviante de deshacer los nudos del día y de transitar hacia un pacífico sueño nocturno. Las enseñanzas de David pueden hacer lo mismo por ti, de día o de noche. Cuento a este hombre como una de las grandes bendiciones de mi vida.

Cuando escalas una montaña en India, los *sherpas* (guías) te ayudan a ascender. Un *sherpa* te lleva hasta cierta altitud, y después otro hasta el siguiente nivel. Así es también en la vida. Somos agraciados al tener guías que nos enseñan el camino cuando nos sentimos perdidos o confusos. David Hoffmeister es un sherpa de propósito inmaculado. Confía en él. Él puede mostrarte el camino hasta la cima.

Alan Cohen

EL MILAGRO OMNIPRESENTE DEL AHORA

Todo lo que tenemos que hacer es ir dentro y encontrar la respuesta de amor.
Hay una respuesta que es tan profunda que puede traer verdad y sanación a todos y a la totalidad de este mundo. Hemos estado buscándola por todas partes, excepto en el único lugar donde podemos encontrarla: dentro.

Este momento se extiende hasta la eternidad. Es el ahora que se desarrolla pacíficamente y es para siempre. Es felicidad infinita, sin fin, sin límite. No le toca el miedo, la culpa o el sufrimiento de ningún tipo. No le toca nada excepto el amor. Hay tanto aprecio cuando se experimenta algo por primera vez. No hay comparaciones porque, en el ahora en eterno despliegue, *nosotros* siempre somos nuevos. Podemos regodearnos en él, fusionarnos plenamente con él. No hay referencias al pasado en él porque no encaja en la línea temporal. Es simplemente una sensación feliz de elevarse mucho más allá del tiempo y el espacio, como una meditación continua.

El milagro siempre presente del ahora es nuestra puerta hacia dentro, es nuestro pasadizo a Casa, es la experiencia de algo que siempre es nuevo, un sentimiento feliz, que te hace sentir ganas de cantar al mundo. Es muy hermoso y también muy simple. Es tener permiso para fundirte cuando contemplas una flor, una mariposa, o un pájaro cantando en el árbol; es un sentimiento de contento que expresa: "Ah, sí, gracias; permíteme ser total". De esto es de lo que hablaba san Francisco: solo estar en comunión. La aceptación de que todo es perfecto. Verdaderamente podemos permitirnos oler las rosas.

A través de la puerta del momento presente somos verdaderamente capaces de oír profundos mensajes de amor procedentes de dentro. Son ilimitados y eternos, porque la voz de la guía interna siempre está hablándonos de nuestra verdadera identidad y de nuestra unidad con todos y con todo. Pero, para oírla, tenemos que atravesar la puerta e invitar a este guía profundamente amoroso a nuestras mentes y a nuestras vidas.

Ya muy temprano en mi vida conocí por primera vez el momento presente, donde reside una alegría sin límites. El verdadero impulso de mi corazón, ya de niño, era sentir alegría y extender amor. Recuerdo que jugaba todo el verano. Me encantaba el arroyo que había en el vecindario, que estaba lleno de ranas y cangrejos. Simplemente jugaba, jugaba, jugaba, jugaba sin descanso durante todo el día. ¡Verdaderamente estaba en el momento de manera natural!

Posteriormente, cuando me fui haciendo mayor y las reglas y expectativas del mundo empezaron a establecerse, mordí el anzuelo. Empecé a pensar que tenía que aprender a transitar por el mundo. No obstante, cuanto más intrincados eran el aprendizaje y la educación, más confuso y perdido me sentía. No me gustaba la idea de "mejorar" ni cómo sonaba lo de "ganarme la vida". Sonaba a presión, como vivir únicamente para sobrevivir. No resultaba inspirador y sentía que en el mundo había una cantidad siempre creciente de complicaciones. Pero llegó el momento en el que empecé a cuestionarme todo esto, cómo estaba montado todo.

Empecé a buscar la respuesta cuando entré en la escuela de posgrado. Comencé a cuestionarme todas mis creencias y todo lo que había aprendido en mis diez años de universidad. Tenía un par de licenciaturas, pero me di cuenta de que carecía de sentido aprender más cosas o desarrollar más habilidades especiales. Quería la respuesta a algo más profundo. Sin embargo, esta actitud no fue muy popular entre mis personas más cercanas. Me decían:

—No, no, eso no es bueno. No tienes dirección, no vas a llegar a nada.

O cosas como:

—¡Estás loco! Móntate una vida.

Entonces yo decía:

—De acuerdo, hablemos de eso. Conseguirse una vida: ¿Puedes ser un poco más específico? En realidad, creo que estoy yendo en el sentido de la vida. ¿Podrías explicarme a qué te refieres con móntate una vida?

Ellos decían:

—Bueno, ten una vida: una novia, una pareja... algo. Después compra una casa, consigue una hipoteca, ten deudas como el resto de nosotros.

—¿A eso te refieres con montarse la vida? ¿Y después qué?

Y ellos añadían:

—Después envejeces y tienes el pelo canoso.

—¿Y después qué?

—Y después enfermas.

—¿Y después qué?

—Y después te mueres.

Y yo decía:

— Absolutamente inaceptable. Lo único que puedo decir es que, si eso es tu definición de lo que es la vida, no voy a *"montarme la vida"*. Tiene que haber algo más que solo esforzarse y trabajar, y sufrir y enfermar y morir y conseguir una educación por el camino. Tiene que haber un poco más que eso, una experiencia más profunda y satisfactoria. Y yo voy a llegar al fondo de ello; voy a llegar al fondo en este mundo extraño, y voy a averiguar qué puedo hacer realmente.

Cuando por fin *Un curso de milagros* apareció en mi vida en 1986, lo abrí y casi me quedo sin respiración. Sentí lo mismo que siente mucha gente: que era verdaderamente poderoso. Algo en mí dijo: "Ahh... ¡me ha llegado un apoyo!" Mostraba el camino de una manera tan poderosa. Era como un guía.

Había una voz interna que me apremiaba: "Sigue, no pares ahora. Estás en el camino de la verdad. Estás interiorizando todo este cuestionamiento profundo. Continúa". El viaje que siguió puede resumirse como una historia de amor con Dios. Nunca pensé que mi vida pudiera desplegarse de esa manera. Y ciertamente no crecí pensando conscientemente que así era como quería vivir mi vida.

Después de varios años de leer *Un curso de milagros*, empecé a oír la voz del guía interno. Esta voz serena me daba instrucciones muy útiles y con frecuencia muy específicas con respecto a dónde ir, qué decir y qué hacer. Ya no tenía que navegar en soledad a través de este mundo laberíntico. Escuchar y seguir esta voz parecía asegurar mi paz y felicidad. ¡Mis plegarias habían sido oídas! Tenía un guía interno que estaba allí para responder cualquier pregunta y ayudarme a tomar cualquier decisión. ¡Fue un regalo asombroso y un tremendo alivio!

Actualmente, dedico la mayor parte de mi tiempo a conocer a gente como tú, que está buscando la felicidad y la sensación del propósito más profundo de su vida. Una y otra vez, personas de todo el mundo me hacen las preguntas del "cómo": ¿Cómo encuentro la verdadera paz? ¿Cómo encuentro la verdadera felicidad? ¿Cómo encuentro la paz serena, el tipo de paz y felicidad que son duraderas? He enseñado en seis continentes y en cuarenta y cuatro países, y vaya donde vaya, la gente siempre me pregunta: ¿Cómo?, ¿cómo?, ¿cómo?

Y esto es lo que les digo:

—Desvelando y perdonando tus obstáculos al amor.

Y entonces preguntan:

—Pero, ¿cómo perdono? ¿Cómo suelto el miedo? ¿Cómo sano y me acerco a la paz mental? ¿Puedes darme una fórmula práctica? ¿Puedes darme algo para usar cada día?

Para mí no hay nada tan divertido como ofrecer el *cómo*, y esa es mi intención con este libro. Una vez que lo experimentas, sientes lo maravilloso que es, y entonces tú también querrás darlo.

El fondo de la cuestión del *cómo* es lo siguiente: contacta con el Espíritu Santo, con Dios, con tu Yo Superior, o como prefieras llamarlo. Una vez que conectas con el Espíritu —al que yo llamo *Espíritu Santo*— estás en contacto directo con el cómo, porque el Espíritu Santo es el cómo. Estás justo allí, en el momento con el cómo, experimentando que se mueve a través de ti.

En el poder de este momento es donde reside el cómo[1]. Solo ahora somos verdaderamente capaces de perdonar y de pasar de un estado de miedo a otro de amor. Solo en este momento somos verdaderamente capaces de experimentar el milagro de dejar que cada pensamiento y sentimiento oscuro, y cada dolor y sufrimiento, se vayan al brillar sobre ellos el Espíritu Santo. Solo en este momento somos capaces de realizar el milagro del perdón. El milagro de este momento siempre está disponible, listo para llevarnos más allá del intelecto y de vuelta a la experiencia de puro amor de nuestra verdadera naturaleza divina.

El perdón —el proceso de no ver problemas— nos abre una puerta al flujo intuitivo de la presencia, y a la habilidad de simplemente cabalgar esa presencia como una pluma flotando en la brisa. Estar en presencia del Espíritu Santo nos lleva a un lugar en el que no hay decisiones difíciles, porque el Espíritu siempre está ante nosotros, mostrándonos el camino. No hay dudas ni vacilaciones, solo una sensación de relajación y facilidad cada vez más consistente. Cuando tenemos contacto con el Espíritu, con nuestro maestro interno, y este contacto se vuelve consistente, la facilidad entra en nuestra vida.

El principal objetivo de este libro es ayudarte a entrar en el flujo del momento presente, donde se puede oír la voz del Espíritu Santo. El Espíritu Santo, el confortador y guía continuamente presente, está siempre allí, en las profundidades

---

1. Solo en este momento somos verdaderamente capaces de realizar el milagro del perdón. El perdón de las ilusiones es nuestro camino de un solo sentido para salir del miedo y acceder a la libertad. Véase el capítulo 16.

aquietadas de tu mente, esperando que tú vengas con tus oraciones, con tus ofrendas de perdón y con tus solicitudes de guía. El Espíritu Santo está siempre allí para ayudarte a soltar lo que ya no quieres y para ayudarte a desanudarte de la percepción errónea del mundo: una percepción fragmentada que te dice que estás separado del amor unificador que hay en tu núcleo, del amor que eres.

Si verdaderamente quieres tener una sensación de paz y felicidad duraderas, de amor y alegría, y quieres ahorrar tiempo en el camino hacia allí, me gustaría ofrecerte una espiritualidad que es *muy* práctica. Según mi experiencia, puede resumirse en un 1 por ciento de principios y un 99 por ciento de práctica. El 1 por ciento debe ser muy útil y sacarte de la ilusión de separación, en lugar de llevarte a que profundices en ella. A fin de cuentas, enfocarse mucho más en la práctica del perdón en lugar de en la teoría es el mejor camino hacia la verdadera paz y felicidad. La aplicación práctica y consistente del verdadero principio es lo que produce el cambio duradero.

Para ayudarte a hacer esto, voy a llevarte a un viaje a la profundidad interna. Es un viaje de autoindagación y de autodescubrimiento que posibilita el cambio. Sin entrar dentro, estudiar tu propia mente y observar de cerca los falsos pensamientos y creencias que tienes con respecto a ti mismo, no puedes encontrar las respuestas y el cambio que estás buscando. A lo largo del libro, usaré los términos "Espíritu Santo" y "ego" como si fueran poderes autónomos y separados. Esta manera de comunicar con respecto a los dos sistemas de pensamiento distinto que tenemos en nuestra mente tiene un propósito: reconocer que el sistema de pensamiento del ego está separado de Dios. El sistema de pensamiento del ego, que está separado de tu verdadero Ser, viene de una creencia falsa en el miedo, la culpa y el sacrificio. Está detrás de cada duda, de cada sentimiento de pequeñez, y de cada deseo de separación. Por otra parte, estamos reaprendiendo a pensar y operar desde el sistema de pensamiento del Espíritu Santo, tendiendo un puente sobre la brecha de la separación en nuestros corazones y mentes desconectados, que nos permite recordar nuestra verdadera identidad como Espíritu Divino[2].

La única manera de salir del sistema de pensamiento del ego es a través de la puerta del momento, este *momento milagroso* que no está tocado por ninguna asociación pasada ni anticipación futura. Sin embargo, para vivir en la experiencia del momento presente, debemos hacernos conscientes de creencias inconscientes y exponerlas. Tenemos que exponer completamente el ego, que no es sino la voz del miedo y de la duda. Es importante no ser duros con nosotros mismos cuando caemos en la trampa de las dudas del ego, porque ahí está nuestra oportunidad de llevarlo a la conciencia. Y solo tomando conciencia del ego podemos verlo tal como es y después perdonarlo a la luz del Espíritu Santo. En realidad, nosotros no podemos juzgar cuándo avanzamos o retrocedemos. De hecho, no podemos llegar a ninguna conclusión mientras vivimos esta transformación. De modo que sé delicado contigo mismo mientras permites que la oscuridad surja en tu conciencia para ser liberada.

A medida que empiezas a soltar los pensamientos de ataque, los agravios y los juicios que van surgiendo, el mundo comenzará lentamente a aligerarse. Empezarás a ver más y más reflejos amorosos. Y aunque puede parecer que hay más luz en el mundo, en realidad es tu mente la que se está llenando de luz de nuevo. Una práctica dedicada a llevar todos tus pensamientos y sentimientos oscuros a la luz producirá revelaciones, de cada vez más luz y amor, que llenarán tu mente. Exponer el ego es un proceso continuo y necesario que precede

---

2. Por otra parte, estamos reaprendiendo a pensar y operar desde el sistema de pensamiento del Espíritu Santo, tendiendo un puente sobre la brecha de separación en nuestros corazones y mentes desconectados, y permitiéndonos recordar nuestra verdadera identidad como Espíritu Divino. Para consultar una descripción completa de mente y Espíritu tal como se usan en este libro, dirígete a Mente-Espíritu, C-1, en *Un curso de milagros* (UCDM), Edición en un solo volumen, Mill Valley, CA.: Foundation for Inner Peace, 2007.

a la unión completa con el Espíritu Santo. Si estás dispuesto a ello, este libro te ayudará a dar los primeros pasos hacia esta gloriosa experiencia de sentirse feliz, de estar en paz y de encontrar tu verdadero propósito.

La respuesta del Espíritu Santo a todas las aparentes complejidades y elecciones del mundo es el milagro. En *Un curso de milagros*, el "milagro" se define como un cambio de percepción del miedo al amor. Aunque esto involucra ciertos pasos, con la práctica, todos los pensamientos de conflicto y sufrimiento se elevan fácilmente a la luz del Espíritu Santo, y se abandonan para liberar la mente a la experimentación del milagro. El milagro nunca está ahí fuera, en el futuro. Siempre está aquí, en el presente. Simplemente está cubierto por las dudas y el miedo generados por nuestra creencia errónea de que estamos separados de Dios.

El camino interno nos lleva más allá del intelecto a la experiencia del amor puro, ¡que es nuestra verdadera naturaleza! No obstante, para poder experimentar este sentimiento de amor de manera consistente, tenemos que pasar por una purificación experiencial y por un proceso de transformación. Y es interesante que la palabra "curso" esté en el título, porque, en algún momento mientras estás leyendo *Un curso de milagros*, empiezas a vislumbrar que este curso te pide que *desaprendas* absolutamente todo lo que no es similar a tu verdadera naturaleza. De modo que, en lugar de "hacer" un curso y "aprender" algo nuevo, tu mente está siendo vaciada de todo lo que alguna vez aprendió sobre sí misma y el mundo, lo cual no tiene nada que ver con quien tú eres realmente.

Por eso necesitamos entrenamiento mental. El entrenamiento mental es instruirnos a nosotros mismos para volver a pensar con el Espíritu, con el amor, con Dios. El entrenamiento mental hace consciente la mente inconsciente. Llamo a la mente inconsciente la "mente no vigilada", porque está deambulando constantemente y distrayéndonos del recuerdo de nuestra verdadera identidad. Cuando la mente cae en una trampa del ego, es muy importante volver al momento presente y a la sensación de paz que nos trae. El camino espiritual práctico reside en encontrar y conectar con el sistema de pensamiento del Espíritu Santo de libertad, y seguirlo cuidadosamente. Las herramientas prácticas que te ofrezco en este libro te ayudarán a encontrar y establecer este sistema de pensamiento.

A veces, la gente me pregunta si tienen que amar al ego. No podemos amar al ego, puesto que el ego es la creencia de que no hay amor. ¡No podemos amar algo que es la negación total del amor! En realidad, el ego no existe puesto que solo es una creencia. De modo que no estamos tratando de sanar o despertar el ego. Eso es imposible. El auto-mejoramiento no resuelve nada. El Ser (Yo) que Dios creó no necesita ser mejorado; ya es perfecto. Lo que puedes hacer es exponer tus creencias egóticas, elevarlas ante la luz del Espíritu Santo y después observarlas desaparecer. Así es como compruebas que el ego no era real, y puedes reírte sinceramente de él.

Hasta que no examinemos nuestro sistema de creencias en profundidad, el ego continuará teniéndonos pillados. Tiene control sobre nuestros roles y responsabilidades. Tiene control sobre casi todo lo que decimos y hacemos. Hasta que no hayamos examinado nuestra mente con la profundidad suficiente como para permitir que el Espíritu Santo utilice nuestros roles y responsabilidades para un propósito amoroso, el ego las usará para sus propios fines. No hay nada a medio camino: dejas que tu mente sea usada por el Espíritu Santo o por el ego. Al entregar los roles y responsabilidades al Espíritu Santo, su propósito puede orientarse hacia la curación de la mente que Él lleva a cabo. Tu profesión, tus aficiones, talentos y relaciones pueden ser usados de maneras milagrosas que nunca soñaste posibles. Me he maravillado al contemplar que el Espíritu Santo ha empleado todas las habilidades que yo había desarrollado, pero de maneras completamente nuevas y diferentes. Esto resulta asombrosamente práctico. Es como la acción de desatornillar un tornillo de una pared. Realmente el ego nos ha atornillado a este sistema de creencias, y por eso hacen falta muchos giros cuidadosos para salir de él.

Me siento muy animado al emprender este viaje contigo. Cuando me encuentro con alguien, nunca es un encuentro pasajero. Estamos aquí para bendecir mutuamente nuestras vidas, para apoyarnos plenamente unos a otros. Siento que siempre estoy encontrándome con mi querido Ser. Tenemos un vínculo de por vida; tenemos una conexión de por vida para despertar a la verdad juntos. Aunque parezca que nuestros cuerpos están en distintas partes del mundo, tenemos un vínculo de comunicación. Podemos unirnos con el poder del pensamiento, mediante el poder de la oración y a través del Espíritu. Está en nuestros corazones.

El resultado de este viaje es más profundo de lo que podamos imaginar. En la práctica espiritual, como en cualquier otra, cuanto más pones, más consigues. ¡La buena disposición da mucho de sí! Las herramientas que voy a darte pueden ayudarte a ver que los aspectos pegajosos y dolorosos de tu vida cotidiana pueden en último término impulsarte hacia una experiencia mantenida de profunda libertad y alegría.

Si tienes un intenso deseo de conocer tu amado Ser, has de saber que el sentimiento es mutuo, y que unirse en este propósito unificado es más profundo de lo que podrías pensar. Empecemos.

Primera parte

EL MILAGRO DE ATRAVESAR LA SEPARACIÓN

CAPÍTULO 1

JUICIO Y CONOCIMIENTO

En una ocasión, estaba caminando con una amiga cuando ella se echó a reír de repente y dijo:

—¡Tienes una mariposa en el culo!

Miré hacia atrás y, efectivamente, había una mariposa viajando gratis en mi trasero.

Le dije:

—De acuerdo, disfruta del viaje.

Continuamos andando por el camino y se me ocurrió que la mariposa estaría más cómoda viajando en mi dedo. De modo que puse el dedo índice en el aire y le dije a mi amiga que iba a llamar a la mariposa para que viajara en mi dedo. Ella estaba más que dispuesta. Le dije telepáticamente: "Vamos, aquí hay una vista genial. El trasero está bien, pero esto te va a gustar. Puedes ser como un pequeño ornamento". Y lo hizo. Se puso a volar, aterrizó en mi dedo y se quedó allí con sus pequeñas antenas extendidas. Por supuesto, mi amiga se rió mucho. Fue un paseo divertido, en el que la mariposa simbolizaba la inocencia.

Como los niños, los animales responden con indefensión. Cuando eres manso, alegre e inocente, provocas muchos reflejos. En nuestro monasterio, las ardillas vienen hasta nuestros pies. Es como un momento de san Francisco. Todo lo que vemos es inocente. Yo veo la verdad en las personas y en los sucesos. Me dedico a no ver error. Me dedico a ver la inocencia en todas partes y en todas las personas. Esta es la razón por la que la gente y los animales, incluso las mariposas, quieren estar cerca de mí. Cuando la mente es total y no está dividida, ¡solo ves inocencia, y te sientes feliz y amoroso todo el tiempo!

La división

Imagina por un momento una mente despierta. Esta mente se usa para la totalidad, la igualdad y la constancia de la unidad del Cielo. De repente, parece surgir un pensamiento de duda. Ahora la mente tiene dos sistemas de pensamiento irreconciliables: uno de amor y otro de miedo. La tensión que produce el intento de que no se realice esta división es intolerable, puesto que ambos sistemas de pensamiento no tienen punto de encuentro y son el opuesto total uno del otro. Por lo tanto, la mente intenta ver la división fuera en lugar de dentro, donde fue concebida. Así se fabrica un mundo de opuestos y dualidad: un lugar con visiones opuestas y deseos cambiantes.

El ego dice: "Yo sé cómo aliviar esta tensión terrible: basta con que te libres de los sentimientos de dolor y culpa proyectándolos sobre el mundo". Así es como el dolor, el miedo, la duda y la aflicción se convierten en la experiencia común de este mundo. Así es como la mente hizo un mundo de dualidad, de arriba y abajo, de bueno y malo, de correcto y equivocado. La única razón por la que parecemos experimentar salud y enfermedad, guerra y paz, vida y muerte, y todas las variaciones, grados y extremos es simplemente el juicio. Ese es el truco de este mundo. Cuando quiera que juzgamos o condenamos, la mente proyecta y dice: "Esa persona, cosa o situación de ahí fuera está equivocada". Hace esto para tapar la culpa de la separación de Dios, la cual, lo creas o no, está en el núcleo de cada problema que se concibe en este mundo. Convierte al mundo en una cortina de humo, pues piensa que puede estar libre de culpa poniéndola fuera, mientras cree que en realidad está dentro. Solo al creer que hay oscuridad dentro, puede nuestra mente intentar proyectarla fuera.

¿Cuándo es suficientemente bueno lo que hago?

A medida que uno va creciendo en este mundo, van surgiendo las presiones y elevadas expectativas de hacer algo constructivo, de desarrollar habilidades, y de adquirir conocimientos especiales para poder ser autosuficiente. Se nos dice que es importante conseguir títulos cada vez más elevados, y acumular más y más conocimientos especiales. Esto es estresante y proviene de una fuerte creencia cultural en la responsabilidad personal, que conlleva, en su núcleo, una sensación de culpa. Es algo incorporado al sistema, y parece ser noble y bueno, pero esta presión para confiar en nosotros mismos nos está haciendo daño.

No hay muchos que puedan escapar a las preguntas que se quedan en la parte de atrás de nuestras mentes: ¿Cuándo es suficientemente bueno lo que hago? ¿He hecho suficiente? ¿He cumplido con mis obligaciones? ¿He estado a la altura de la norma? El ego nos predispone para que siempre estemos estresados, siempre pensando que hay algo que podríamos cambiar o mejorar. Este es un comportamiento rígido y aprendido, pero podemos verlo desde otra óptica, unos medios y una perspectiva perfectamente diferentes y perfectamente amables.

Un curso de milagros dice: "En ninguna situación que te pueda surgir te das cuenta del resultado que te haría feliz"[3]. No en algunas, ¡en ninguna! Pero no se te deja colgado; la lección siguiente afirma: "Todo existe para tu beneficio". ¡Todo! Este mensaje puede resultar tan chocante como el primero[4].

Todas las cosas operan conjuntamente para el bien, sin excepciones, salvo a juicio del ego. ¡Hablamos de deshacer la mente analítica! De repente, no tiene sentido intentar analizar ni juzgar nada. ¡Qué alivio![5]

---

3. No te das cuenta en ninguna de las situaciones que se presentan ante ti del desenlace que te haría feliz. UCDM, L-pl.24.1:1.

4. Todo existe para tu beneficio. UCDM, L-pl.25.1:5

5. Todas las cosas obran conjuntamente para el bien. En esto no hay excepciones, salvo a juicio del ego. UCDM, T-4.V.1:1-2.

Nuestro problema más profundo

El problema más profundo que tenemos es el mecanismo de pensar, de estereotipar, de separar las cosas. Llamo a esto la mente egóica "yo sé". El ego siempre está fragmentado; fabricó un mundo fragmentado, y siempre está categorizando, analizando, diagnosticando y arreglando las cosas. Es en gran medida un sistema de pensamiento disfuncional, basado en el mito de la separación.

En la historia tradicional del Génesis, Dios dice a Adán y Eva: "No comáis del árbol del conocimiento del bien y del mal". Pero la serpiente engaña a Eva para que tome la manzana, y se la dé de comer a Adán. Por eso, según el mito bíblico, fueron expulsados del Jardín del Edén. Esto es la caída de la gracia: la separación de Dios después de la cual surgió el miedo y la oscuridad en la mente, reflejados en forma de guerras, división de las religiones, y todo tipo de actividades dementes. En gran medida, las prácticas religiosas son un intento de encontrar el modo de retornar al amor de Dios a través del ritual y la tradición.

Me gustaría proponer un camino diferente del ritual y la tradición, una historia diferente sobre Dios, la de que no echó a nadie. Podemos llamar a esto la interpretación metafísica de la historia tradicional: digamos que Adán y Eva nos representan a ti y a mí, y, en esta historia, nunca nos fuimos de Dios. Y Él nunca nos abandonó. Aquí, la "caída" no es más que una distorsión perceptual, una vasta ilusión en la que la mente *creyó* haber hecho algo que en realidad es imposible: separarse de un creador que todo lo sabe y todo lo ama.

Tenemos mentes muy poderosas que son capaces de imaginar, o de "pensar", todo este universo. En mi revisión del Génesis, no hubo manzana. Nosotros simplemente hicimos una pregunta: ¿Podría haber algo más que el Cielo o la unidad, algo más que la totalidad? Esta pregunta fue como un pequeño brote de locura, puesto que "más que todo", más

ESTE MOMENTO ES TU MILAGRO

que el perfecto amor y armonía, es, por supuesto, completamente imposible. Imagina esta idea, esta pregunta, o este pensamiento de duda como una de esas pequeñas semillas de diente de león movidas por el viento. Esta poderosa mente nuestra permitió que el pensamiento, esta semilla, se extendiera. Por supuesto que fue una idea totalmente ridícula, pero en lugar de reírnos de ella con nuestra mente todopoderosa y divina, la tomamos en serio. Tomar esta idea en serio nos llevó a olvidar la verdad de que lo tenemos todo y de que somos uno con Dios. Nos cerramos y empezamos a soñar que éramos una pequeña parte de un mundo imposible. Muchas personas me preguntan cómo pudo ocurrir esto si nuestra mente es parte de la de Dios y si somos divinos. Lo cierto es que no ocurrió fuera de nuestra creencia, y hay un verdadero conocimiento y conciencia de esto una vez que todas las creencias falsas se cuestionan y abandonan.

Una diminuta y alocada idea, de la que el Hijo de Dios se olvidó de reírse, se adentró en la eternidad, donde todo es uno. A causa de su olvido, ese pensamiento se convirtió en una idea seria, capaz de lograr algo, así como de tener efectos reales. Juntos podemos hacer desaparecer ambas cosas riéndonos de ellas, y darnos cuenta de que el tiempo no puede afectar a la eternidad. Es motivo de risa pensar que el tiempo pudiese llegar a circunscribir la eternidad, cuando lo que esta significa es que el tiempo no existe[6].

---

6. Una diminuta y alocada idea, de la que el Hijo de Dios olvidó reírse, se adentró en la eternidad, donde todo es uno. A causa de su olvido, ese pensamiento se convirtió en una idea seria, capaz de lograr algo, así como de tener efectos reales. Juntos podemos hacer desaparecer ambas cosas riéndonos de ellas, y darnos cuenta de que el tiempo no puede afectar a la eternidad. Es motivo de risa pensar que el tiempo pudiese llegar a circunscribir la eternidad, cuando lo que esta significa es que el tiempo no existe. UCDM, T-27.VIII.6.

Es razonable preguntarse cómo pudo la mente haber inventado al ego. De hecho, esa es la mejor pregunta que puedes hacerte. Sin embargo, no tiene sentido dar una respuesta en función del pasado porque el pasado no importa, y la historia no existiría si los mismos errores no siguiesen repitiéndose en el presente[7].

La respuesta a un mundo de dualidad

Muchos místicos llaman a este mundo el mundo de la dualidad. Esto es lo que nos dice la historia de Adán y Eva, y el Jardín del Edén. Adán y Eva querían esconderse en el Jardín, de modo que se cubrieron y cubrieron sus "partes privadas" con hojas de higuera. Sintieron culpabilidad y vergüenza por lo que habían hecho. Siguiendo con esta analogía, en el momento de la caída o la separación, como la culpabilidad hace que nos sintamos tan mal, la mente la proyecta hacia fuera como el cosmos del espacio-tiempo, que entonces se convierte en una especie de hoja de higuera gigante bajo la cual la mente trata de esconderse de su creador. La mente quiere esconder lo que cree que son sus partes privadas porque siente terror del amor de Dios, de modo que fabrica una identidad falsa, la persona.

Dios es puro amor y unidad. No tiene conciencia de separación; así, Él no puede venir a la dualidad. El mundo de la dualidad es el escondite ilusorio para la mente durmiente que cree haberse separado de Dios. A esta mente, el ego le dice: "Aquí está la que ahora va a ser tu nueva casa. Siéntete contento con el cuerpo y el mundo, que son tu nueva casa. Fabricaremos todas las cosas

---

7. Es razonable preguntarse cómo pudo la mente haber inventado al ego. De hecho, esa es la mejor pregunta que puedes hacerte. Sin embargo, no tiene objeto dar una respuesta en función del pasado porque el pasado no importa, y la historia no existiría si los mismos errores no siguiesen repitiéndose en el presente. UCDM, T-4.II.1:1-3.

que parecías tener en la unidad. Haremos un nuevo tipo de amor con los cuerpos. Haremos un nuevo tipo de libertad con el movimiento de los cuerpos. Haremos un nuevo tipo de felicidad con los placeres de los sentidos para que ocupen el lugar de tu Hogar en el Cielo. Y Dios no puede venir y encontrarte aquí, tendrás privacidad, y puedes hacer lo que quieras". Así es cómo el cuerpo se convirtió en el foco central del ego.

El ego quiere que Dios bendiga su nuevo mundo y dé realidad a la fantasía de tiempo y espacio. En lo profundo de la mente hay enfado porque Dios no puede hacer esto. ¡Dios no puede dar realidad a un sueño de formas proyectado! Dios es amor divino. Dios solo te conoce como amor divino. Este amor es luz abstracta, alegría total, comunicación constante y paz. Es infinito y perfecto. Dios no sería Dios si concediera los deseos del ego de dar realidad a este mundo. Por lo tanto, todo enfado es una rabieta basada en el deseo de que lo temporal sea verdadero y real. El ego trata de engañarte para que pienses que eres libre en el mundo de la forma, pero no te cuenta que él mismo, el ego, es quien lo gobierna. Piensa que mientras estés ocupado planificando el futuro, soñando con una forma mejor (o lamentando el pasado), no pensarás en Dios y en la unidad que es tu verdadera identidad. Esto te muestra que el ego es un sistema de pensamiento en tu mente que no te lleva a una verdadera experiencia de quién eres. Solo se asegura de que te mantengas preocupado en el mundo de la forma, en el tiempo y el espacio.

Así, cuando la mente se quedó dormida e inició el sueño de separación, al principio fue como una pesadilla, puesto que Dios y el Cielo fueron empujados totalmente fuera de la conciencia. Fue un profundo sueño de olvido, y de repente había dos sistemas de pensamiento en lugar de uno. Uno era el sistema de pensamiento del ego basado en el temor, la "semilla", y el otro era el sistema de pensamiento de la respuesta amorosa de Dios, el Espíritu Santo. El sistema de pensamiento del ego, basado en la premisa de que había ocurrido una separación imposible, dice: "Si alguna vez vuelves a tu mente, y a esa luz blanca, ¡Dios te pillará y te destrui-rá!" Esto crea un estado de neurosis perpetua que obliga a la mente a buscar constantemente respuestas y seguridad donde no pueden ser halladas: en las formas proyectadas de este mundo. Pero en la quietud, en el núcleo de nuestro ser, la respuesta amorosa continúa recordándonos: "Tú nunca te fuiste. Nunca pudiste haberte separado. ¡Dios no está enfadado contigo! ¡Tu Padre te ama! ¡Tu Padre siempre te amará!"

No podemos resolver nuestros problemas desde el mismo nivel de pensamiento que los creó[8]. No podemos encontrar la solución al nivel del problema, en el nivel de la separación; la respuesta tiene que ser un orden de pensamiento más alto que nos eleve y nos devuelva a la armonía. No puedes aproximarte a una solución con la mente durmiente, puesto que esta fue la mente que creyó inicialmente en el problema. Tienes que elevarte por encima del nivel del problema, por encima de donde se percibe el problema, para encontrar la solución. Tienes un problema perceptual, y mientras trates de mejorar las cosas y de arreglar las cosas al nivel del ego, no vas a ninguna parte. Solo das vueltas sin parar, como un hámster en su rueda, sin hacer ningún progreso. Te pareces al espantapájaros del Mago de Oz, con toda la paja esparcida por el camino. Pero cuando dejas de compartimentar, de categorizar, de etiquetar y de ordenarlo todo, empiezas a sentirte en paz. Te encuentras identificándote con tu verdadero Ser, y no con una identidad separada. La paz que encuentras es un estado mental en el que percibes que todo es perfecto, siempre ha sido perfecto, y no ha habido nada fuera de lugar. Tu mente simplemente necesita entrenamiento para alcanzar esta conciencia.

---

8. "No podemos resolver nuestros problemas con el mismo nivel de pensamiento que los creó". Este dicho popular ha sido atribuido a Einstein, pero desconocemos su origen exacto.

Saltar a la percepción del Espíritu

La caída de la gracia, la separación, que es una idea en la mente y no un punto en la línea temporal, no nos dejó perdidos para siempre y sin respuesta. En el momento de esa pequeña y alocada idea —la separación—, Dios dio una respuesta inmediata. Siendo amor omnisciente, Él respondió a este pensamiento de duda, a esta pequeña y alocada idea, a esta "semilla de diente de león al viento", con la conciencia de que esto nunca ocurrió, de que es imposible. Podemos llamar a esta respuesta Espíritu Santo. Podemos decir que el Espíritu Santo es la pequeña voz aquietada dentro de la mente, o de la intuición, que nos guía. Es como una presencia que podemos sentir cuando nos aquietamos lo suficiente para sintonizar y escuchar internamente. Tenemos que saber esto y también ser conscientes de con cuánta facilidad usamos las defensas, como el juicio, el conocimiento mundano, la negación y la represión, para diluir el terror e impedirnos experimentar la respuesta de Dios.

No vamos del análisis y el juicio a la perfección sin estar dispuestos a decir: "Muéstrame, Espíritu Santo; necesito que se me muestre". Incluso en los momentos en los que estás molesto con Dios, con la vida, o con tu manera de percibir las situaciones en las que estás involucrado, tienes que estar dispuesto a percibir las cosas de una manera diferente y a abrirte a confiar en la percepción sanada del Espíritu.

Necesitas ayuda para ver otro mundo que el que proyectaste a partir del miedo, las dudas y las preocupaciones de tu ego. Puedes decir libremente: "Tienes que convencerme", y arrojárselo todo de vuelta al Espíritu Santo. Pide que se te muestre. Deja que la multitud de ángeles que animan cada vez que haces un movimiento hacia confiar en tu intuición realicen su trabajo. Eso debería atrapar tu atención y orientarte hacia el milagro en tu mente. Necesitas la ayuda del Espíritu Santo para ver las cosas como son, para ver claramente sin proyección, juicio ni interpretación.

En cuanto el ego juzga que alguna otra persona carece de algo, siempre compara y te dice: "Bueno, *tú* no eres así; tú estás más allá de eso". Esto promueve la desigualdad, la división y la separación. Tienes que pedir al Espíritu Santo que empiece a limpiar el filtro a través del cual ves porque esa es la única esperanza que tienes de verdaderamente no juzgar. Una vez que conectas con esa ayuda, es delicioso. Cada momento sin filtro es delicioso. Pero si está involucrado un concepto o un juicio, entonces lo mejor es hacer una pausa, mirar dentro y tomar conciencia de qué es ese filtro. Puedes cultivar el estar dispuesto a cuestionar cada uno de tus valores y conceptos. Cuando te pilles juzgando o pensando que sabes algo, te aconsejo que ejercites lo que yo llamo "para, suelta y ponte en marcha". En primer lugar, haces una pausa en los pensamientos y reacciones que estás teniendo; ¡te paras! En segundo lugar, ejercitas el estar dispuesto a soltarlos. Y, tercero, te pones en marcha con la guía del Espíritu.

Cuando tu filtro empieza a aclararse y te vuelves más intuitivo y menos tendente al juicio, cosechas más los beneficios emocionales. Puedes saberlo por cómo te sientes: estás más estable, más calmado, y así es como sabes que estás orientado en la dirección correcta. Esto da lugar a la aceptación y a una mente receptiva, una mente abierta, una mente que "no lo sabe ya". Entonces, puede ocurrir el milagro interno.

En este mundo es normal animar a que se expresen opiniones, pero las opiniones bloquean la experiencia de paz. Las opiniones no tienen nada que ver con la verdad o la realidad. El estado de "no lo sé" es humilde. En la tradición Zen se le llama *mente de principiante*. Es una gran experiencia despertar cada día y sentir que no sabes nada. Es un sentimiento muy hermoso no tener una opinión y estar abiertos a que se nos muestre.

EJERCICIO: Pasar de las opiniones a la oración[9]

Dedica un día a observar la mente yo-sé y procura pasarlo sin emitir ni una sola opinión. ¡Pruébalo! Nota su sabor. A medida que transcurra el día, pregúntate: "¿Dónde está mi mente cuando estoy enganchado en mis opiniones, pensando que sé algo? ¿Y cómo me siento cuando estoy abierto y no pienso que ya sé las respuestas?

A lo largo del día, nota cuántas veces:

- Piensas que sabes la respuesta a algo.
- Quieres saber la respuesta.
- Dices o piensas opiniones.
- Haces suposiciones sobre algo o alguien.
- Interrumpes una conversación porque piensas que sabes más que alguien.
- Haces algo basado únicamente en los resultados y el aprendizaje del pasado.

Después de ese día de práctica de no tener opiniones, dedica algún tiempo a reflexionar en tu diario. Encuentra un lugar tranquilo donde no vayas a ser molestado. Cierra los ojos, toma unas cuentas respiraciones, relájate y permite que tu mente se aquiete durante unos minutos. A continuación, lee lentamente las preguntas siguientes. Permítete tener la experiencia de la respuesta, ve más allá del intelecto.

1. ¿Me ha llevado mi "conocimiento" a un estado de paz y felicidad consistentes?
2. Viendo que mi "conocimiento" o mis elecciones todavía no me han llevado a un estado de paz y felicidad consistentes, ¿estoy dispuesto a abrirme a la posibilidad de seguir otro camino?

---

9. Ejercicio: Pasar de las opiniones a la oración. *Oración* simplemente significa *intención* o *deseo*. Aquí hace referencia al deseo de verdad, al Espíritu.

3. Al soltar mi mente "yo-sé", ¿estoy dispuesto a confiar en que hay una sabiduría, un Espíritu Santo, dentro de mi mente, que tiene mi máximo interés y mi máximo bien en Sus manos?
4. ¿Confío en que él sabe lo que necesito?
5. ¿Puedo confiar en que Él conoce la oración (el deseo) de mi corazón y en que Él me traerá lo que verdaderamente sea más útil para mi sanación, y por tanto para mi felicidad?

Si alguna de tus respuestas a las preguntas de la dos a la cinco es *no*, hay una frase en *Un curso de milagros* que puede ayudar a pacificar tu mente. Dice que si encuentras que tu resistencia es fuerte y tu práctica débil, no debes luchar contra ti mismo[10]. Sé amable contigo mismo y date permiso para rezar pidiendo ayuda con respecto a cualquier área o patrón que hayas notado. Lo único que se necesita es el reconocimiento de dónde estás. No hay necesidad de intentar arreglar nada. Tu contribución es tu buena disposición, nada más.

La oración es un modo de reconocer la presencia del Espíritu Santo como guía y amigo. Oración y deseo son iguales puesto que siempre conseguimos lo que deseamos en nuestro corazón y en nuestra mente. Puedes pensar en la oración como la práctica de conexión directa con tu poder superior. El método, la técnica, las palabras que uses y cómo reces no importan. Ríndete en una comunicación honesta, al tiempo que reconoces sinceramente lo que se está sintiendo en lo profundo de tu corazón. El Espíritu Santo es el sanador.

El verdadero conocimiento es no saber nada del mundo

Cuando vives en un estado libre de juicio, vives de manera natural en un estado de libertad y compasión definitivas, porque aceptas a todos y a todas las cosas independientemente de lo que ocurra. No saber nada del mundo de la forma y estar en un estado de desconocimiento te abre a una experiencia

---

10. Si encuentras que la resistencia es fuerte y la dedicación débil, no deberías luchar contra ti mismo. UCDM, T-30.I.1:6-7.

del momento presente. La mente yo-no-sé es el estado más elevado de la mente, más elevado que el "sí" o el "no". Esto es esencial.

Este estado mental no juzga. No interpreta si algo es bueno, malo, correcto o equivocado. Está cerca del verdadero conocimiento, el conocimiento de Dios. Cualquier cosa que crees que ya sabes acaba siendo un obstáculo para el verdadero conocer. Cualquier cosa sobre la que tengas un concepto previo bloquea el verdadero conocimiento. Esto se debe a que las opiniones y preconcepciones impiden la experiencia de la percepción inocente. También te pierdes tanto el momento presente como la guía que está disponible cuando no estás ocupado en "saber" algo intelectualmente o en vivir en piloto automático. Al creer que sabes qué es mejor y que tu conocimiento es valioso, te identificas con tus opiniones. Tu identidad se convierte en un pequeño yo. Todas las interpretaciones personales de absolutamente todo, en todo el tiempo, el espacio y la historia, son de la mente equivocada y son erróneas. Tener una opinión es lo mismo que no saber quién eres y no saber quién es Dios.

Ahora puedes relajarte mientras tratas de desaprender el hábito del juicio personal y la interpretación. Es un alivio saber que no tienes que tener ningún juicio u opinión sobre tu identidad como persona: bueno o malo, espiritual o no espiritual, etcétera. Asimismo, tampoco tienes que interpretar, juzgar o incluso entender el mundo, aunque puedes elegir cómo percibirlo, y entraremos más en esto en un capítulo posterior del libro. De hecho, la única manera de volver a la divina inocencia es cuando puedes decir: "¡Vaya! He estado equivocado con respecto a absolutamente todo".

Esta es la razón por la que no deberías esforzarte y luchar con la renuncia a juzgar, porque la única conciencia a la que puedes llegar es que, para empezar, tú nunca jamás has sido capaz de ello. Verdaderamente, no eres capaz de hacer ningún juicio. ¡Esta es la buena nueva!

CAPÍTULO 2

PERCEPCIÓN

Nunca hay nada intrínsecamente equivocado con respecto a lo que está ocurriendo en el mundo o con respecto a cómo se están desplegando las cosas. Cuando tienes un problema en el trabajo, con una relación, o con cualquier cosa, estás experimentando un problema perceptual. El problema es tu manera de verlo. Culpar al mundo externo, y esto te incluye a ti, no es otra cosa que el ego manteniendo en marcha la ilusión de dualidad. Cuando estás enfadado, es porque el ego dice: "Culpa a esa persona, o culpa a esa cosa". Puedes culpar a tu jefe, culpar al gobierno, culpar a tu madre, culpar a tu pasado o culpar al perro. Este es un mundo en el que la culpa parece estar por doquier, y se considera justificada. La mente usa la culpa para evitar examinar la creencia en la separación. Culpa a cualquier cosa que le parece desagradable sin responsabilizarse de la división, y sin aceptar la sanación de la división que realiza el Espíritu Santo. Pero, una vez que ves que el enfado viene de tus propios pensamientos de ataque y agravios, siempre con el temeroso pensamiento de separación por debajo, puedes soltar esos pensamientos.

En lugar de intentar definir el problema como una situación específica, lo primero que hay que hacer es recordarte que se trata de un problema perceptual. Tanto si es: "No puedo pagar las facturas", "Mi novio me ha dicho que me va a dejar si no hago esto", "Ha estado lloviendo sin parar durante cuatro días y me estoy volviendo loco esperando a que salga el sol", o "La deuda nacional se está elevando cada día", tú simplemente puedes decir: "Tengo un problema perceptual". Es posible que la pobreza esté extendiéndose sin parar: "Tengo un problema perceptual". Necesito el dinero del alquiler en dos días y no sé cómo conseguirlo: "Tengo un problema perceptual".

La percepción es el reino de los cinco sentidos. Los problemas perceptuales nunca son problemas reales, aunque nos remiten al problema original de la creencia en la separación. La percepción es el reino en el que parecemos estar. Esto quedó en evidencia para mí cuando se casó mi hermana. El día después de la boda, algunas personas de distintas generaciones estaban reunidas viendo la televisión. Se trataba de una comedia. Como había tanta gente, yo no podía ver la televisión. Lo único que podía ver eran rostros sonrojándose, ojos que miraban de un lado a otro, cierta vergüenza, cierta sensación patente de humillación y después enfado y furia intensos. A continuación, mi cuñado se cayó de la silla y rodó por el suelo riéndose.

Todos estaban viendo las mismas imágenes y escuchando los mismos sonidos. Sin embargo, estaban viendo cosas diferentes. Estaban teniendo reacciones muy diversas, y estaban dando su propio significado a aquellas imágenes y sonidos. No eran las imágenes las que les estaban haciendo reír o enfurecerse. Estaban reaccionando a las creencias que tenían en sus mentes.

Todos lo entendemos al revés cuando pensamos cosas como: "Has herido mis sentimientos" o "Si tú no hubieras hecho lo que hiciste, no me sentiría tan herido". De modo que podríamos decir que estas percepciones mentales son asociaciones del pasado: recuerdos y creencias. La Lección 2 de *Un curso de milagros* enseña que has dado a todo lo que ves todo el significado que tiene para ti[11]. Eso es todo lo que está ocurriendo. Nunca pasa nada más. Nuestra mente está llena de pensamientos del pasado, y estos pensamientos del pasado se están proyectando sobre el mundo.

---

11. La Lección 2 de *Un curso de milagros* enseña que tú has dado a todo lo que ves todo el significado que tiene para ti. UCDM, L-pI.2.

Atrapado en la proyección

El mundo que percibimos a través de los ojos del cuerpo y que oímos a través de los oídos del cuerpo es una pantalla de imágenes. Solo es el reflejo sombrío de los pensamientos de ataque en la mente dormida.

Usemos la analogía del proyector de cine para explorar esto. Dentro del proyector hay una luz brillante, resplandeciente, radiante: una gran metáfora para el Espíritu Santo. Esta luz brillante parece pasar por la película, que está llena de muchas imágenes oscuras. Estas imágenes oscuras son como pensamientos de ataque o pensamientos del ego. A medida que se proyectan estos pensamientos, lo que parece producirse sobre la pantalla son sombras. Para la mente dormida, estas sombras parecen tener significado. Sin embargo, el único significado que tiene la película es el que le da la mente, una mente que ha olvidado que lo que está viendo solo es una película. Se ha identificado con las figuras que aparecen en la pantalla y piensa que ella misma forma parte de lo que está en la pantalla, que es una persona entre otras personas. Entonces la mente parece estar atrapada en la proyección, identificándose como un cuerpo.

Por lo tanto, tenemos que llevar la oscuridad —los pensamientos y creencias sombríos que se están desplegando en la pantalla de la conciencia— de vuelta a la radiante luz interna, porque así es como desaparecerán. Esta es una manera de afrontar lo que surge de nuestra mente inconsciente. Tendemos a intentar evitar muchos de nuestros problemas apartando lo que está en nuestra mente. Estamos tratando de aislarnos de nuestros problemas y de lo que está debajo de la superficie de nuestra mente consciente. La condición humana a menudo consiste en intentar vivir de cierta manera, o en construirse una "vida buena y exitosa" para proteger algo. Este algo que estamos tratando de proteger en realidad es una identidad separada. El ego se siente aterrorizado ante la posibilidad de que se rompa alguna de nuestras rutinas porque trata de proteger este autoconcepto. Quiere mantener el *estatu quo* para que podamos permanecer en el sueño, en la proyección, y no despertar. Cuando estamos dormidos y soñamos, no podemos evitar creer en lo que estamos percibiendo. Por eso el Espíritu Santo apoya un despertar muy suave.

Un mundo se está desplegando en nuestras mentes: el mundo de las imágenes y de los pensamientos. Esta es la base de nuestra forma de percibir el mundo externo. El mundo externo y el mundo interno son lo mismo. Son idénticos. No importa si alguien nos grita en el trabajo, si estamos en casa pensando en cuando alguien nos gritaba, o incluso si no estamos en contacto con el contenido de estos pensamientos. Solo sabemos que nos estamos sintiendo fatal y deprimidos. Llamo a esto pensamientos del pasado, pensamientos que no fueron creados por Dios. Están ahí, y la mente se ha anclado a ellos; podrían ser de miedo, envidia, celos, aburrimiento o irritación.

Sabiendo esto, podemos ver que necesitamos limpiar nuestra percepción porque no hay un mundo objetivo de sucesos, circunstancias e imágenes separado de nuestra percepción e interpretación. La comprensión es: "Mis pensamientos son imágenes que yo he fabricado"[12]. Lo que percibes solo es una película que muestra lo que crees y tus pensamientos.

De modo que, cuando tengas creencias del ego y duros pensamientos de ataque, percibirás un mundo fragmentado, percibirás victimización. No puedes evitarlo. La ciencia tradicional y la biología nos han enseñado que el ser humano es una criatura autónoma: el mundo está fuera de esta criatura, y se experimenta a través de la vista, el sonido, el tacto, el olfato y el gusto. Cuando la luz entra a través de la retina, la imagen se gira en el cerebro y después vienen los impulsos cerebrales. Pero lo entendemos al revés. Es más preciso pensar en los ojos como proyectores que como receptores. Los ojos proyectan lo que la mente piensa y cree. Debido al filtro de la conciencia o ego, sentimos un mundo que está siendo proyectado a través

---

12. Mis pensamientos son imágenes que yo mismo he fabricado. UCDM, L-pl.15.

de este filtro, y por lo tanto solo estamos convocando testigos en todo momento de lo que creemos y pensamos. Solo percibimos aquello en lo que creemos, y así, sin pensamientos de ataque en nuestra mente, no podemos ver un mundo de ataque. Por eso la única solución está en la mente.

Los niveles de la mente

En una ocasión pedí al Espíritu Santo que me diera un mapa de la mente para que pudiera saber lo que está ocurriendo por debajo de la percepción. Le dije: "La cosa se está poniendo un poco etérea aquí, dame una imagen". Se me mostró la siguiente imagen de la mente y sus capas.

Piensa en la mente como cinco círculos concéntricos. Las áreas internas determinan las externas, y juntas, estas capas componen nuestra experiencia perceptual del mundo, nuestra realidad personal. El ego quiere que pienses que la causa está en el nivel de la percepción, en la capa externa. Así, al ego le gusta que pienses que los sucesos son causativos. En verdad, la cosa es al revés. La causa está en el centro, donde está el deseo, y el efecto está en el anillo externo. Todo tiene como punto de partida el deseo de nuestro corazón.

1. La *percepción* es tu manera de ver e interactuar con el mundo, e incluye también lo que percibes en el mundo. Incluye todo aquello de lo que te informan los cinco sentidos.
2. Las *emociones* determinan tus percepciones. Pueden estar basadas en el miedo, como es el caso de la culpa, la vergüenza, la envidia, la preocupación, y algunas más; o pueden estar basadas en el amor, como la paz, la alegría, la felicidad, la libertad y otras.
3. Los *pensamientos* determinan tus emociones. Son la serie de ideas e imágenes incesantes que momento a momento van pasando por tu mente. Pueden estar inspiradas por el Espíritu o impulsadas por el ego.

4. Las *creencias* son el fundamento de nuestros pensamientos. Las creencias son conceptos. Se pueden dar ejemplos de los papeles que desempeñamos en el trabajo, de nuestra identidad profesional, o de nuestra identidad familiar como padre, madre, esposo, esposa, hermana, hermano, hija o hijo. También pueden guardar relación con los papeles que desempeñamos dentro de una amistad, o en los entornos culturales, religiosos o de clase. Incluyen las opiniones sobre el planeta, la sociedad, la psicología, la filosofía y la política, y lo que creemos sobre el alimento, la salud y la educación. Asimismo, en realidad el tiempo y el espacio solo son creencias. Todas las creencias están basadas en el ego, excepto una: el perdón.

5. El *deseo* está en el centro y determina tus creencias. Todo tiene que ver con lo que buscas en el núcleo de tu ser. Siempre solo puedes elegir entre el amor o el miedo, el Espíritu o el ego. Con la creencia en la separación, el deseo quedó dividido. El deseo dividido es del ego, mientras que el deseo singular de amor es unificado y lo que deseas es el Espíritu.

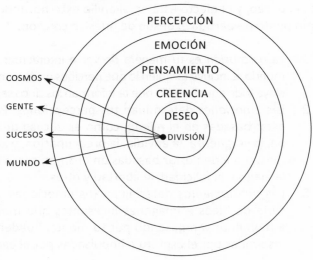

Cuando nuestro deseo esencial se divide en intentos imposibles de reconciliar el Espíritu con el ego, la pureza se pierde. El deseo que albergamos en el núcleo de nuestra mente y de nuestro ser dicta nuestras experiencias en la superficie de la conciencia. No nos llega nada que no hayamos pedido. A partir de un deseo dividido, todas las demás capas siguen [con la división]. La creencia se vuelve egótica, los pensamientos son pensamientos de ataque, la emoción es de miedo, y la percepción queda fragmentada y distorsionada[13]. La percepción fragmentada incluye todo lo que vemos, oímos y tocamos, todas las diferentes facetas del cosmos, incluyendo la gente, los sucesos y el mundo de los objetos separados. Esto explica por qué todas las diferencias que pueden hallarse en la totalidad del cosmos surgen del deseo de algo más que la unidad unificada que Dios nos da, como si se pudiera conseguir más que el todo. Pero el poder de cambiar nuestra percepción descansa en el núcleo de nuestra mente. Debido al poder de nuestra mente, la oración o el deseo de nuestro corazón siempre recibe respuesta. Esto es algo que exploraremos detenidamente en los capítulos siguientes[14].

Cambiar nuestro deseo esencial

Cuando cambiamos de mentalidad para sentirnos inspirados por el Espíritu en lugar de impulsados por el ego, nuestro deseo esencial ha cambiado. Es singular en lugar de estar dividido. Este cambio impregna todas las capas de la mente. Este es el milagro que conduce a la transformación siguiente:

---

13. *Un curso de milagros* nos enseña que sin pensamientos de ataque en nuestra mente, no podemos ver un mundo de ataque. UCDM, L-pl.55.3.(23):3.

14. Con la ayuda del milagro, la mente se pone del buen lado y se aleja de su anterior forma invertida de ser, experimentar y operar. El diagrama de los niveles de la mente, Foundation for the Awakening Mind, http://livingmiraclescenter.org/doc/levelsofmind.pdf.

la creencia en el perdón, los pensamientos son "pensamientos reales", la emoción es el amor y la percepción es pacífica y verdadera. Con la ayuda del milagro, la mente se pone al derecho, alejándose de su anterior manera de ser y operar, "al revés".

La iluminación o la sanación es una cuestión de deseo. Este es un mundo de distracción, de aislamiento y de ocultarse de la luz. Si la oración de tu corazón es experimentar el amor y la luz, entonces los símbolos o los medios para conseguirlo pueden serte dados, o llevados a ti, con mucha rapidez.

El único problema que hay en el mundo es el que está en la mente. Una comprensión clara de las capas de la mente nos ayuda a tomar conciencia de la historia: qué está causando nuestra percepción a medida que hacemos el seguimiento de todas nuestras proyecciones de vuelta a su origen en el deseo esencial. Al hacer esto, podemos descubrir creencias y suposiciones que posiblemente no nos dábamos cuenta de que estaban allí. La mente continuará invirtiendo su fe en estas creencias hasta que quede claro que no nos ofrecen lo que verdaderamente queremos. Cuando estamos dispuestos a cuestionar nuestras creencias, en compañía del Espíritu Santo, los resultados solo pueden clasificarse como milagrosos. Lo único que hace falta es estar dispuesto, aún en pequeña medida, a empezar a ver las cosas de manera diferente. Para exponer y dejar ir los viejos condicionamientos inútiles tenemos que entrar en la mente paso a paso a través de todas las capas.

La percepción y la metáfora del proyector de cine

Al mirar alrededor, percibimos el mundo perceptual tangible. Con el cielo, las nubes, las montañas, las casas, los cuerpos, los árboles y la hierba, el mundo perceptual tangible es el que está "más lejos" del núcleo, más lejos del punto en el que estamos conectados con la Fuente o Dios. Metafísicamente, el reino perceptual es la proyección de nuestro estado mental. Una de las enseñanzas más profundas que puedo ofrecerte es que no puedes cambiar el mundo proyectado; solo puedes cambiar tu mente (con respecto al mundo). Para ilustrar esto, volvamos a la analogía del proyector y la pantalla de cine.

¿Has ido alguna vez a un cine en el que se produjera un fallo en la película? Sabes que no puedes tratar de enmendar ese fallo intentado enmendar lo que sale en la pantalla. Cuando intentas arreglar cosas que parecen ser externas a tu propia mente, o buscas cosas que cambiar en el mundo, es como ir a golpear la pantalla de la sala de cine creyendo que eso cambiará la película. Lo que tienes que hacer es ir a la sala del proyector, que en esta analogía representa tu deseo esencial.

El mundo externo discurre como una película que pasa por el proyector creando capas superpuestas a la luz. Cuando eres capaz de pasar por alto los pensamientos oscuros (la película), el mundo que ves se vuelve más luminoso. Pero cuando interpretas que las cosas son dolorosas, por ejemplo, la guerra y el conflicto, estás mirando a través de la lente del ego, y esa es la que está torcida. No tiene nada que ver lo que está "ahí fuera" en y por sí mismo.

Antes de que empiece la película, solo hay una hermosa y pura luz blanca que se refleja en la pantalla. Puedes imaginar que dibujas un cuerpo sobre ella; ahora tenemos capas superpuestas de forma. A continuación, el ego nombra el cuerpo diciendo que es masculino o femenino, y le pone un color de piel. Después, podemos añadirle una edad. Los conceptos procedentes del juicio y la interpretación se han interpuesto entre la fuente de luz y la pantalla. Y ahí tenemos todos los problemas: sexismo, racismo, envejecimiento, y así sucesivamente. Parece como si estos fueran los grandes problemas del mundo; oímos hablar de ellos en las noticias, pero todo parte de tener un deseo dividido en la mente.

Cuando podemos ver que todo es proyectado, todas las especificidades, todas las diferencias, y también todas las preferencias, queda claro que ahora estamos en un proceso de desaprender o de sustraer. Podemos pensar en él como el proceso de limpiar la película. A medida que damos pasos para afrontar y deshacer lo que nos impide acceder a la alegría que es nuestro derecho de nacimiento, finalmente llegamos al milagro, a la luz.

La manera de pasar del deseo dividido al deseo unificado es ver que el problema no está ahí fuera, fuera de nuestras mentes; tenemos que mirar dentro. Para ilustrar esto, usemos el mapa de los niveles de la mente e insertemos todos los aparentes problemas del mundo en la capa externa de la mente, la percepción: inundaciones, tsunamis, huracanes, tifones o tornados; enfermedades como el cáncer, las de corazón o el VIH; problemas financieros, escasez económica que se produce en todo el mundo, pobreza y hambre en el mundo; terrorismo; y guerras. Podemos seguir poniendo cualquier cosa que concibamos y que se nos haya condicionado a pensar en ella como un problema dentro del espacio y del tiempo, en cualquier escala y de cualquier magnitud. Todo ello está ahí fuera, en la pantalla. En la pantalla parece haber una miríada de causas externas y efectos externos, pero, delicadamente, el Espíritu Santo continúa cantando esta canción a nuestra mente: "Esa no es la razón, no es el porqué. El problema no está ahí fuera; tienes que mirar dentro"[15]. El Espíritu Santo no solo nos dice que miremos dentro, también nos da los pasos, nos enseña cómo atravesar la ilusión para encontrar la solución. La corrección de este sistema de pensamiento erróneo solo puede ocurrir en la mente. Con ayuda del Espíritu, podemos encontrar la corrección en nuestra propia mente, tal como hizo Jesús. Él simplemente aceptó la corrección de todas las creencias falsas. Y ahora el espíritu está dándonos un mapa detallado. ¡El camino está muy claro!

---

15. Esa no es la razón. El problema no está ahí fuera; tienes que mirar dentro. Resta Burnham. 2000-2002. "That is not the reason why". Music of Christ, Cincinnati, OH: Foundation for the Awakening Mind. http://livingmiracles.org/thats-not-the-reason-why.

Volver al proyector

¿Cómo llegar a una percepción pacífica del mundo? No juzgando. Cuanto menos juzgas cualquier cosa de tu vida, más te parece que estás viendo una película u obra de teatro —¡a veces, con actuaciones muy buenas!—. En lugar de estar en la película como un personaje entre otros personajes, dispones de la mayor perspectiva de un observador. El ego es el único que trata de separar y de pensar que conoce las motivaciones de todos los personajes, por qué hicieron ciertas cosas, y qué estaban pensando. El ego está leyendo constantemente los significados de todas las cosas. Y cuando miras a través de la percepción fragmentada e intentas analizar los personajes, incluyendo el tuyo, la cosa se complica mucho. De hecho, es tan complicada que de ninguna manera podrías contemplarla solo como una danza de formas. Ni siquiera puedes disfrutar de la película de la vida porque hay demasiados juicios. Y el control forma parte de esos juicios. La mente que se ha quedado dormida se ha olvidado de su Creador, y está tratando de controlar absolutamente todo. Siempre tiene sus intenciones ocultas. Tiene que alejarse de la pantalla y encontrar el camino de vuelta a la sala de proyección.

A través del milagro puedes experimentar que todo es pensamiento. Todo puede fundirse y fusionarse en una conciencia y en una percepción holísticas. Cuando esto ocurre; hay mucha paz. No hay partes que puedan estar en conflicto, no hay partes que puedan defenderse y atacar. Tu percepción se unifica más y más en la alegría. Por lo tanto, las cosas que los demás identifican como problemas, y por las que incluso podrían pedir perdón, tú ni siquiera las notas; no están en tu conciencia. Esto es lo que ocurre con la percepción. Es subjetiva. Y afrontando tus creencias, permitiendo que surjan tus emociones y tomando más conciencia de tus pensamientos, descubrirás que tus percepciones se aligeran. Estás yendo hacia la percepción unificada, en la que tu experiencia es cada vez de más paz y armonía.

Una herramienta diferente para despertar la alegría

Soy un gran aficionado a usar las películas como herramientas que nos ayudan en nuestro camino. Considero que las películas son las parábolas de nuestros días, y el camino puede ser muy divertido. Te animo a explorar tu percepción cada vez que veas una película. El camino espiritual no tiene por qué ser pesado ni fatigoso.

Las películas son una excelente manera de contemplar tu mente, de prestar atención a tus emociones, y de ayudarte a descubrir cuáles son tus creencias inconscientes. Cuando reaccionas emocionalmente a una película, se produce la misma dinámica que cuando reaccionas ante las personas de tu vida. Si tienes problemas con la gente, son una proyección de tu mente. Y es lo mismo si reaccionas a una película: la reacción viene de una proyección de tu mente. Ver películas es una manera agradable de despertar y sanar, en comparación con estar en una situación familiar difícil o en una relación confrontativa. Ver películas de esta manera puede ayudarte a tener claridad más rápidamente en esas situaciones difíciles. Ser consciente de tu estado mental, de tus pensamientos y reacciones, mientras ves películas, acelera la sanación. Al principio, cuando empiezas a entrar en contacto con emociones y creencias, puede ser intenso, pero eso da paso a la alegría, y te vas abriendo más a una paz, satisfacción y felicidad duraderas. En último término, las películas pueden ayudar a guiarte hacia la iluminación.

El Espíritu me mostró técnicas para ver películas de una manera nueva: no como entretenimiento o escapismo, sino como una forma de permitir que surjan emociones intensas para ser sanadas. Las películas pueden suscitar recuerdos reprimidos y negados. En tu caso, cuando broten estas emociones intensas, detén la película para poder estar presente con lo que surja en ese momento para ser sanado. Da la bienvenida a los sentimientos para que puedan ser liberados y tú puedas abrirte a una nueva perspectiva.

EJERCICIO: ¡Disfruta del espectáculo!

Ve la película de Disney *El chico*[16]. Aunque hayas visto esta película antes, está garantizado que con este nuevo propósito tendrás una experiencia profundamente significativa y sanadora. Recuerda que el propósito de la película es sanar la mente al soltar las creencias inconscientes. Mantén claramente en tu mente esta intención de usar la película para sanar antes de empezar a verla. Una oración simple puede ayudar: "Espíritu Santo, te invito a una nueva experiencia sanadora viendo esta película contigo". Durante la película, observa tus emociones y cualquier cosa que los escenarios o los personajes provoquen en ti. Si sientes incomodidad, procura no distraerte de ella. Sobre todo, estate dispuesto a detener la película y a sentir y observar tus emociones durante las escenas intensas, los escenarios atrayentes, o en esos momentos en los que quieres saber, o piensas que sabes, lo que ocurrirá a continuación. Date permiso para dejar de investigar y simplemente estar con lo que surja en tu conciencia. Después de ver la película, responde a estas preguntas en tu diario (puedes usar algunas de estas preguntas para cualquier película que veas a partir de ahora):

1. ¿Ves que observar tus distintas percepciones te permite identificar ciertas emociones y tal vez incluso ciertas creencias? Anota las emociones y creencias que identifiques.
2. ¿Has experimentado algún disgusto o te has sentido reaccionando al ver alguna escena o conversación particular de la película? ¿Cuáles son?
3. ¿Cuáles han sido tus sentimientos y asociaciones con respecto al personaje de Russ al principio de la película?
4. Russ parece estar muy estresado manteniendo su autoimagen. ¿Qué relación tiene esto contigo? ¿Tratas de mantener una buena autoimagen en distintas situaciones?

---

16. Ve la película de Disney, *The Kid* (*El chico*, en España). Director: Jon Turteltaub, 2000, *The Kid*, Walt Disney Productions.

5. ¿Cómo te has sentido cuando el pequeño Rusty le cuestiona cómo ha acabado su vida de cuarentón: que no tiene perro, ni novia, y no pilota aviones?
6. ¿Te recuerda esta película a algo de tu pasado que tratas de ocultar o con lo que todavía podrías sentirte molesto? Anota cualquier cosa que no esté resuelta.
7. Hay una escena divertida en la que Russ intenta encontrar seguridad en un bocadillo. ¿Hay situaciones en las que sientes que tu autoimagen comienza a venirse abajo? ¿Qué tipos de "seguridad" tratas de usar para cubrir tus inseguridades?
8. ¿De qué maneras el apego a su falsa identidad impide a Russ acceder al verdadero amor y a la felicidad?
9. ¿Qué le permite a Russ soltar su falsa identidad y entrar en una experiencia de amor?

Suelta y descansa: tómate algún tiempo de tranquilidad para desapegarte y soltar las ideas y emociones que han surgido al procesar la película. Abre la mente al Espíritu Santo para que limpie cualquier sentimiento que pueda quedar y te permita descansar en paz. Tómate tu tiempo; nunca hay prisa.

___

Paz en la percepción espiritual

El poder del deseo determina tu estado mental. Ahora estás en las primeras etapas del cambio de percepción, lo que en realidad significa cambiar tu vida hacia la verdadera experiencia de paz. Pequeños pasos pueden llevar a grandes cambios de conciencia. Es importante que mantengas la vigilancia de tu percepción y sobre la tendencia a percibir las cosas molestas como verdaderos problemas. Este es un proceso de examinar tu mente con honestidad mientras permites que el deseo de tu corazón sea purificado.

El camino espiritual culminará cuando te abras a la visión espiritual, la visión de Cristo, que te lleva completamente más allá del cuerpo y de vuelta a un estado despierto. La visión espiritual es una experiencia vasta. El observador y lo observado son uno a través de la percepción sanada y pacífica. Cuando percibes la totalidad del cosmos unificada y neutral, has alcanzado la percepción verdadera. Es como una película feliz que incluye a todas las personas y todas las cosas. Así es como retornas a la conciencia Crística. Retornas en primer lugar a esta conciencia plena y completa de que en realidad todo es uno, todo es lo mismo, no hay diferencias. El propósito es ver todas las cosas a través de la perspectiva o interpretación pacífica del Espíritu Santo. Por lo tanto, "a partir de tu paz mental surge una percepción pacífica del mundo"[17]. En esta percepción, ¡nada es una lucha!

"El milagro es una lección sobre la percepción total."

---

17. Es de tu paz mental de donde nace una percepción pacífica del mundo. UCDM, L-pl.34.1:4.

CAPÍTULO 3

MIEDO

¿Qué pasaría si supiéramos que todo lo que hacemos —todos los planes, todo el ajetreo, así como el drama, el desconcierto, la desesperación y el conflicto— son elegidos por una mente que tiene miedo de estar presente? Este miedo a estar presente se diagnostica como muchos otros temores. Puede ser el miedo a estar solo, el miedo a perder a alguien, el miedo a lo que otros puedan pensar, el miedo a los accidentes y las catástrofes, o el miedo a las amenazas, la violencia y el abuso, por mencionar unos pocos.

El miedo sirve a un propósito del ego: impedirnos sentir el maravillamiento, la belleza y la calma eterna del momento presente. La mente separada no está entrenada ni dispuesta a permanecer atenta al presente puesto que le tiene miedo. Tiene miedo del Espíritu Santo. Es posible que la razón de esto no sea aparente. La mente separada cree que el ego, y por tanto la separación de Dios, es real. Todos hemos sentido miedo, es una experiencia universal. Es una experiencia que existe en nuestra mente, pero, debido a la proyección, siempre parece tener causas y también soluciones externas, si bien dichas soluciones nunca son permanentes. El miedo nos encierra. Nos cierra y nos aísla del mundo. Hasta que lo cuestionamos, nos ata en una pequeña existencia separada. El miedo surge de la creencia en un mundo de dualidad. Una vez que es cuestionado, ya no gobierna nuestra mente, tal como mi amiga Jenny aprendió a través de sus experiencias.

El ejemplo de Jenny

Crecí en una familia que iba a la iglesia ecuménica. Había una profunda creencia en el pecado y la culpa. A mí, lo que era pecado siempre me parecía extraño, vago y poco claro. La enseñanza era que todos somos pecadores. En consecuencia, yo tenía que afrontar el miedo a ir al infierno. Un día me senté en una banqueta en mi habitación sintiéndome desconcertada, atemorizada y extremadamente determinada, todo ello al mismo tiempo. El sentimiento era: "Tengo que seguir mi corazón y tengo que abandonar esta iglesia". Y la creencia en el infierno, que hasta ese día había estado en el fondo de mi mente, salió a la superficie. El temor a ir al infierno estaba en primer plano. Pero yo respondí: "De acuerdo, aunque vaya al infierno sigo queriendo hacer esto; sigo queriendo hacerle caso a mi corazón. Tengo que hacerlo". Y ahora, mirando atrás, sé que el miedo mismo es el infierno.

Afrontar este miedo me conmovió hasta las entrañas, y lo único que pude hacer fue sentarme en medio de él y dejar que me atravesara, permitir que el miedo me atravesara. Sí, potencialmente, a través de este movimiento iría al infierno y, de ser así, merecería la pena; habría sido mi elección. Afronté la mayor depresión de mi vida. Estaba en un túnel oscuro, y un día me encontré al final del mismo, en un callejón sin salida. No había nada más que se elevara ante mí; era como estar atascada en lo más profundo de una profunda cueva. Una amiga en la que confiaba me llamó ese día. Me preguntó si quería compartir cómo me iba. Hablé de la oscuridad y, después de la llamada, me di cuenta de que me había dado la vuelta y tenía frente a mí la salida del túnel. A partir de ese momento, pude sentir la posibilidad de la luz y la sanación, y empecé a dar pasos hacia la luz.

Salirse de lo normal

En el camino espiritual probablemente descubrirás que te sientes llamado a realizar algunos cambios en tu vida, como le ocurrió a Jenny. Pero, por miedo, tal vez encuentres razones para no hacer un movimiento, o ni siquiera dar un paso. Incluso si al principio vacilas un poco, cuando te sientas preparado, descubrirás que merece la pena sentirse incómodo, abandonar las rutinas a fin de encontrar toda la alegría del amor de Dios que está a tu disposición. A veces puede parecer un camino solitario porque tienes que ir dentro para encontrar respuestas, pero en ocasiones surgen compañeros para echarte una mano.

Cuando estaba en la escuela de posgrado, daba largos paseos por el bosque. Durante estos paseos, me preguntaba: "¿Para qué estoy haciendo esto? ¿Tiene algún propósito estudiar en la universidad?" Y el ego respondía: "Sí, tienes que tener una licenciatura porque necesitas un buen trabajo. Porque si quieres mantener una relación, no puedes estar arruinado. Por eso estás aquí, y por eso has estado aquí durante diez años. Simplemente sigue adelante y dejaremos atrás esta fase". Todas mis razones para estar allí eran temerosas, se basaban en el miedo a las consecuencias.

Tomar conciencia de que mi vida tenía esta motivación tan pobre me puso en contacto con un profundo deseo de abrirme a la guía del Espíritu Santo. Me preguntaba: "¿Por qué estoy aquí? ¿Tengo miedo de algo? ¿Hay algo que me impulse a completar todos estos estudios? ¿Hay algo que me esté empujando por debajo? ¿Tengo miedo de algo aparte de lo que el mundo llamaría una 'vida plenamente involucrada'?" Cuanto más llevaba estas preguntas hacia dentro, más capaz era Jesús de mostrarme que lo que quería era libertad, paz, felicidad, alegría, amor e intimidad. Él me enseñó que yo tenía muchas creencias con respecto a lo que uno tiene que hacer en el mundo para conseguir estas cosas. Y dichas creencias eran las que me estaban impulsando. Él me dijo: "Si me escuchas a

Mí, te mostraré cómo experimentar las cosas que deseas a través de Mí. En otras palabras, si escuchas y a continuación Me sigues, la guía vendrá del interior de tu mente. No vendrá de ningún suceso ni resultado en el mundo".

Esto me orientó en la dirección correcta. Al principio, me quedé asombrado al comprobar que un enorme porcentaje de mis acciones estaban motivadas por el miedo a las consecuencias. Podría haber resultado tentador haberme juzgado a mí mismo en ese punto, pero estaba determinado a no hacerlo. Me sentí feliz de descubrir lo enchufado que estaba al miedo a las consecuencias. Me sentí feliz de empezar a desenchufarme con la ayuda de Jesús y el Espíritu Santo. Descubrí que esto era muy práctico. Fue algo que pude contemplar y ponderar. Sabía que iba a ser un gran trabajo. Sabía que no iba a tomar una píldora y despertarme libre de miedo al día siguiente. Sabía que este proceso requería contemplación y entrenamiento mental. Pero tenía *Un curso de milagros,* una estupenda herramienta para cavar profundamente en la mente.

Como menciono en la introducción, la mente puede estar dirigida por uno de estos dos sistemas de pensamiento: el miedo o el amor. El sistema de pensamiento del ego produce miedo. El sistema de pensamiento del Espíritu Santo produce amor. El ego habla primero porque es impulsivo. Generalmente es muy duro y crítico. Y la voz del Espíritu Santo tiene que esperar pacientemente, y entonces, cuando tienes la mente abierta, puedes experimentar que Él está allí, recordándote sin cesar y muy amablemente la verdad de quién eres. El ego quiere que creas en su sistema de pensamiento y te engaña para mantenerte dormido y soñando, mientras que el Espíritu quiere que veas tus pensamientos, tus sentimientos y tus creencias, de modo que puedas tomar conciencia de ellos y empezar a soltar las ataduras que te limitan. Saber esto simplifica las cosas, puesto que sabes que puedes elegir qué sistema de pensamiento usar. Es una decisión en la mente.

Verás que vas tomando decisiones a lo largo de todo el camino. Estás vacilando entre dos sistemas de pensamiento y entre dos emociones, y tiene que haber una manera de poner fin a esto. Puedes hacer una elección. Es cuestión de estar atento para ver a qué voz prestas atención. Aquella a la que prestes atención es la que se fortalecerá en tu conciencia. Este proceso se parece mucho al viejo dicho de que tenemos un lobo blanco y un lobo negro en la mente: uno representa al miedo y el otro al amor. La cuestión es: ¿A qué lobo vas a alimentar?

El anillo del miedo

En la explicación de los niveles de la mente del capítulo 2, vimos que debajo del mundo perceptual burdo hay una capa de emoción. *Un curso de milagros* la llama "el anillo del miedo". La totalidad de este mundo —todo lo que percibimos a través de los cinco sentidos— está construido sobre el temor inconsciente. ¿Cómo puede ser? ¿Cómo se traduce nuestro miedo en los objetos que vemos en el espacio y en el tiempo: casas, edificios, calles y gente? Mediante el poder de nuestra mente. Simplemente, la mente solo puede ver aquello en lo que cree, y por eso tenemos que abandonar las creencias falsas. Al final, todo el camino espiritual gira en torno a afrontar este miedo inconsciente. Esta es la transformación del mundo proyectado hacia la paz.

Cuando damos pasos hacia dentro en nuestro camino para descubrir la paz y la verdadera libertad, primero nos encontramos con el anillo del miedo, y generalmente la situación se pone muy intensa. Además del miedo, todas nuestras otras emociones también están justo debajo del anillo más externo de la percepción. Esto significa que, como punto de partida, necesitamos entrar verdaderamente en contacto con nuestras emociones. Si queremos alcanzar alguna vez el punto de verdad situado en lo profundo de nuestra mente, tenemos que iniciar el proceso natural de permitir las emociones. El ego trata de controlarnos atemorizándonos con muchas consecuencias hipotéticas, de modo que empujamos hacia abajo y reprimimos nuestras emociones. La mayoría de nosotros no fuimos educados para estar en contacto con nuestras emociones y pensamientos. Si nos sentíamos molestos, enfadados o beligerantes, a la mayoría se nos decía:

—¡Vete a tu habitación! o ¡No puedes salir!

La respuesta no era:

—Oh, querido, dime qué estás pensando.

Probablemente tus padres no eran psicoterapeutas crísticos llenos de amor incondicional y consideraciones positivas. Probablemente no decían:

—Vamos a entrar en contacto con esos pensamientos que subyacen al hecho de que acabas de dar un puñetazo a la pared y has hecho un agujero.

Decían:

—¡Te quedas sin salir! Vas a arreglar el agujero de la pared y te quedas sin paga.

Cuando surgían nuestras emociones, generalmente se nos trataba con mucha dureza.

Hay otra manera de relacionarse con los sentimientos, y cuando entiendes la metafísica, descubres lo que está más allá de la percepción, en los niveles profundos de la mente. Puede hacerte mucho más sensible a lo que está bajo la superficie. A veces, en meditación, si empiezas a sumergirte muy profundamente, puede surgir un temor sorprendente que parece venir de la nada. Estás poniéndote en contacto con la oscuridad de la mente inconsciente. Este es un miedo que está profundamente enterrado. Es la razón por la que fabricamos una identidad personal. Fabricamos la identidad personal para encubrir el profundo miedo que nos da estar separados de Dios, de todas las cosas, de nuestro Ser; podíamos estar alienados con nuestro Padre y con la unidad, y estar totalmente perdidos. Los místicos y los santos han compartido frecuentemente que se encuentran con este miedo cuando empiezan a soltar su identidad personal y se acercan a la fusión con Dios. La quietud interna es tan poderosa que puede parecer que quema el "yo". Esto es una enorme amenaza para el ego, y por eso siente que se está quemando o disolviendo.

El sistema de creencias de temor del ego se basa en no tener seguridad en un oscuro mundo de heridas y necesidades, y en creer en la realidad de las víctimas y los verdugos. Esto solo es así debido a la identificación mental del yo con el cuerpo. Pero, ¿cómo podrías conocer verdaderamente la seguridad y la comodidad si no es identificándote con algo real y verdadero, algo que no puede morir ni cambiar?

Todos los que están dormidos y soñando en este mundo, en realidad tienen miedo del Espíritu Santo. Esto es así porque, aunque en el tiempo las vidas de las personas no son felices ni plenas, estamos familiarizados con el tiempo lineal. Creemos que las cosas y las actividades del tiempo lineal son seguras, mientras que asociamos al Espíritu Santo con lo desconocido, algo completamente distinto de cualquier cosa del tiempo. En el estado de unidad, la mente está en paz de manera natural. El primer miedo fue la caída de la gracia. Fue un cambio tremendo en la mente, que pasó de sentirse amorosa, pacífica y feliz, a estar temerosa y aterrorizada. Así, cada paso que des con el Espíritu Santo llevará asociado alguna reverberación de miedo porque, aunque estás despertando de una pesadilla, el ego tiene miedo de este despertar. El ego teme ser aniquilado, y dejar de existir.

Cuando percibimos algo que nos da miedo, siempre podemos tomarnos un momento para hacer una pausa en lugar de reaccionar. Al darnos un momento para abrir nuestra mente e invitar al Espíritu Santo a percibir con nosotros, promovemos un cambio milagroso en nuestra manera de ver las cosas, y podemos empezar a dejar atrás los comportamientos condicionados y las maneras habituales de reaccionar. Nos abrimos a la inspiración.

La belleza del camino que nos lleva a la felicidad y a la libertad es que todos nosotros tenemos el poder de seguir nuestra inspiración y nuestro Espíritu. Elegimos esto y dejamos de vivir en función del miedo a las consecuencias. De otro modo, ¿cómo podríamos dejar atrás el miedo al amor? Tomamos la decisión de no seguir eligiendo la opción aparentemente prudente y segura que nos señala nuestro aprendizaje pasado. Decidimos en contra del circuito cerrado del pasado y permitimos el milagro, permitimos la inspiración.

EJERCICIO: Mirar el miedo

Cuando surja el miedo (u otra emoción negativa y molesta), puedes mantenerte alerta ante él. Puedes encararlo con una actitud de "hacerle frente" y sentirte feliz de tener algo con lo que trabajar, puesto que, en realidad, liberarse del miedo y la duda es soltar la sujeción de una falsa identidad. Este ejercicio tiene el potencial de ayudarte a ahondar en la confianza y de ir más allá de los resultados deseados: deseos basados en el tiempo que tu mente durmiente espera alcanzar debido a la creencia de que son seguros y pueden ofrecer algo de valor.

Asegúrate de poder dedicarte entre media y una hora a ti mismo. Elige una situación de tu vida actual que te produzca miedo, o tal vez algo de ansiedad o preocupación. Podría tener que ver con perder un trabajo o una relación, o podría tratarse de otros asuntos relacionados con tus familiares o amigos. El miedo también puede disfrazarse de enfado, porque debajo del enfado siempre hay temor. Procura tomar conciencia de otras defensas o autoconceptos que podrían estar tapando esos sentimientos. Examina las ideas del tipo: "Soy una persona que nunca está preocupada, ansiosa o atemorizada. Soy fuerte y competente. Nunca me preocupa nada". Estos pensamientos podrían ser encubrimientos, y tal vez no seas consciente de una parte más profunda de tu mente que en realidad tiene mucho miedo y ansiedad, lo que explica por qué creaste la defensa originalmente.

Mantén en la conciencia esta situación de vida que te produce miedo y relájate por un momento. Ahora vas a mirar dentro siguiendo estos pasos.

1. Anota en tu diario todos tus sentimientos y pensamientos con respecto a la situación.
2. ¿Hay cierto significado e importancia que has dado a esta situación? ¿Cómo la percibes? ¿Cómo afecta a tu paz mental? Si te ayuda a enfocarte, cierra los ojos.
3. Ahora toma un momento e indaga en esta importantísima pregunta: *¿Dónde creo que reside mi seguridad?* Quédate con esta pregunta por un momento. Anota los pensamientos que te vengan a la mente. Asegúrate de no censurarte ni de promover la respuesta que tú crees "correcta". Permítete experimentar estos pensamientos que reflejan tus creencias en torno a la seguridad. A continuación, escribe todas las asociaciones con este miedo hasta que sientas que has acabado.
4. Lee lentamente esta lista de posibles miedos:

- Miedo a no tener suficiente dinero.
- Miedo a no ser un buen padre, madre, hijo, hermano o hermana.
- Miedo a sentirme desdichado por dentro y a que la cosa vaya a peor.
- Miedo a mi propio enfado o a los enfados de otros.
- Miedo a presentarme por mí mismo.
- Miedo a ser pequeño, minúsculo y sin importancia.
- Miedo a no saber lo suficiente.
- Miedo a expresarme, especialmente la expresión del amor.
- Miedo a hacer un cambio drástico en mi relación.
- Miedo a "no conseguirlo".
- Miedo a perder la atención especial de otras personas.
- Miedo a la intimidad sexual.
- Miedo a tocar a otros o a ser tocado.
- Miedo a conectar y comunicar con otros.
- Miedo a sentirme atraído por cierta gente.
- Miedo a que alguien me rechace.
- Miedo a confiar.
- Miedo a afrontar el día cuando despierto.

¿Hay algún elemento de esta lista que guarde relación contigo? Tómate un momento para darte cuenta de ello y después anota en el diario tus reacciones e incomodidades con respecto a estos temores concretos.

5. Tómate unos minutos para centrarte y, usando la asociación libre, haz una lista adicional de los miedos que te vengan a la mente. Permítete anotar en tu diario todos tus pensamientos y emociones en torno a dichos temores.

6. Ahora te vas a relajar y vas a invitar al Espíritu Santo a cambiar tu percepción. Repasa de forma delicada y en actitud de oración cada uno de los miedos y di: "Espíritu Santo, te entrego este miedo con respecto a _____." Siéntete libre de añadir: "Estate tú al cargo". Tómate suficiente tiempo para permitirte sentir la liberación de cada uno de ellos. Continúa con este traspaso hasta que sientas un descanso seguro y calmado. Puedes sentir que los miedos se aflojan de tu mente, e incluso que se van.

Los miedos pueden convertirse en posibilidades

El miedo en la mente no es otra cosa que el ego atacando activamente tu paz mental. Esto significa que con frecuencia experimentas muchos pensamientos de ataque y de duda. En esos momentos, es importante ser capaz de afrontar los temores y preguntar: "¿De qué tengo miedo?" Cuando eres capaz de ver tus miedos y lo que está detrás de ellos, puedes tener la fuerza de elegir estar con el Espíritu y darte cuenta de que no hay nada que pueda amenazarte en absoluto. El miedo se va. Yo vivo una vida completamente libre de miedo porque he permitido que surja toda la oscuridad. Dejé de ocultarla y protegerla. No uso ningún tipo de mecanismo de defensa. Cuando te niegas a reprimir la oscuridad y dejas que salga completamente, sale, y tú regresas a la luz del ahora presente.

Esto es importante en cualquier situación en la que quieras saber cuál es la llamada de tu corazón y tu camino de vuelta a la paz. Tienes que ser muy honesto contigo mismo y examinar qué tienes miedo de perder. Cuando ves aquello de lo que tienes miedo, estás en el espacio en el que puedes decir al Espíritu Santo: "Muéstrame si es tu voluntad". Ahora tu mente está abierta a todas las posibilidades y a todas las opciones. Seguidamente, desde la sensación de alegría y de paz, puedes acceder fácilmente a una inspiración más profunda. Y podrás ver muchas señales y símbolos, porque el Espíritu Santo no se limita a proveer guía, ¡siempre provee también los medios de conseguirla!

Me uno a ti en la aceptación de los pasos siguientes de este camino. Te animo a seguir a tu corazón frente a cualquier temor que puedas experimentar. Nuestro viaje juntos es un viaje de inspiración, de abrirnos a todo lo que es posible con el Espíritu Santo.

CAPÍTULO 4

CULPA

Habrá momentos en los que sentirás resistencia al Espíritu Santo, habrá momentos en los que el ego dirá: "¡Alto! ¡No! ¡Aléjate de mi vida!" O bien, dirá: "Te voy a dar algunas partes de mi vida, pero me voy a quedar con otras". A medida que escuchamos y seguimos al Espíritu Santo, estamos cada vez más dispuestos a entregarle todas nuestras imágenes, toda la película.

Vamos a enfocarnos en uno de los mayores derivados del miedo: la culpa. Todos sabemos la sensación que produce tener sentimientos de culpa y vergüenza. La mayor parte del tiempo asociamos los sentimientos de culpa y vergüenza con algo en la forma, con algo que pensamos que hemos hecho mal, o con algo que no hemos hecho y se esperaba de nosotros, y sentimos que no hemos dado la talla. Esto nos muestra que la vergüenza siempre parece estar asociada a un comportamiento nuestro o de alguna otra persona.

Al negarnos a afrontar la culpa de la separación, proyectamos esta culpa, a la que podríamos denominar "ontológica", sobre muchas cosas distintas. Podemos sentirnos culpables con respecto a la comida, podemos sentirnos culpables con respecto a la sexualidad, la imagen corporal o con respecto a conductas y recuerdos del pasado. He conocido a personas que han estado en prisión por lo que el mundo juzgaría delitos muy vergonzantes. He conocido a personas que me miran a los ojos, me sienten y preguntan: "¿Puedo contarte un secreto? ¿Y me amarás todavía cuando te lo haya contado?"

Una vez que saben que sí, que les seguiré amando, me cuentan que han matado a alguien, o revelan su secreto más profundo y oscuro, el secreto que más les avergüenza, aquello que creen que les convierte en pecadores, que les hace no ser amorosos, que les hace indignos de ser amados. Cuando alguien expone su culpa de esta manera, me mantengo en la presencia amorosa y no juzgo lo que la persona ha hecho. Al exponerlo de esta manera, es entregado inmediatamente al Espíritu Santo. La persona ha dado su primer paso para desvelar la culpa ontológica.

El ego gestiona la culpa. Por eso reforzamos el sentimiento de culpa cada vez que usamos el cuerpo o el mundo para los propósitos del ego. El propósito del ego podría ser la posesión o el "conseguir". Puede ser defender, atacar, competir o usar el cuerpo para el orgullo o para el placer. La culpa no es inherente a nada. El propósito que asignamos a las cosas es lo único que determina si nos sentimos culpables o en paz[18]. El propósito que damos a cualquier cosa puede reforzar la separación o puede usarse para la curación y el perdón. Tomemos el ejemplo de la comida. Generalmente, la comida es una gran diana en la que se proyecta mucha culpabilidad. Lo cierto es que, en el fondo, las personas no quieren sentirse culpables en torno a los alimentos dulces o grasos, aunque los nutricionistas nos digan que no los comamos. Incluso ciertas marcas llegan a usar nuestra culpa para comercializar productos como "placeres culpables", "deliciosamente culpable", o "deliciosamente pecaminoso". Pero no hay alimentos buenos ni malos. No hay nada malo en los helados, en las galletas, en los dulces o en las carnes. No deberíamos sentirnos culpables por comer ciertos alimentos. La creencia en la culpabilidad está en la mente. No hay culpa en los alimentos, y comerlos tampoco puede causar ninguna culpa en absoluto, aunque a veces

---

18. Esto significa que la experiencia de culpa solo es un resultado del propósito que el ego le da a las cosas. El propósito del ego para el cuerpo es el orgullo, el placer y el ataque. UCDM, T-6.V.A.5.

parece ser proyectada de esta manera. Como en cualquier otra cosa, podemos abrirnos a la guía del Espíritu en torno a qué comer.

La tarea del Espíritu Santo es purificar la mente. Tienes que dejar que reinterprete todo lo que ha hecho el ego, incluyendo el cuerpo. Esto no es algo que puedas saltarte; a medida que te relaciones en el mundo, saldrá mucha culpa a la superficie. A lo largo del camino espiritual, los mecanismos de defensa del ego intentan minimizar el miedo y la culpa, ¡hasta el punto de hacerlos tolerables para que los conserves! El sistema de pensamiento del ego no quiere librarse de ellos, de modo que actúa ingeniosamente: minimiza la intensidad para mantenerte atrapado. Es como si estuvieras obligado a tomar una taza de veneno mortal pero se te hubiera concedido el deseo de elegir cómo beberla. Tu deseo es mezclar primero el veneno con el mar, dejar que se combinen y después llenar tu copa. Esto es lo que está haciendo el ego; deja que diluyas el veneno antes de beberlo. Diluye la culpa de modo que sea irreconocible y aceptable para la mente durmiente. Pero el veneno disuelto sigue siendo veneno, aunque sea más difícil de reconocer.

El origen de la culpa

La culpa es el sentimiento de que algo ha ido mal. La mente se fija sobre ella, aferrándose a algo que no es amoroso, pero, ¿cómo tomas conciencia y sueltas este sentimiento de que algo está mal?

La culpa también está asociada con el tiempo lineal. La proyección y la culpa producen la "fabricación" de tiempo, porque sin ellos solo existe la eternidad intemporal, donde todo es uno. Como el ego inventó el tiempo lineal, te dice que fuiste culpable en el pasado, que hiciste muchas cosas mal, y que el momento presente no es nada o es insignificante. Se salta o pasa por alto el momento presente, donde está la respuesta de paz, y va hacia el futuro, haciéndonos creer que el futuro será lo mismo que el pasado. Esta culpa viene de muy hondo dentro de nosotros. Tiene su origen en la creencia de que estamos separados de Dios. El sistema de pensamiento del ego emplea el tiempo lineal para mantener la mente atrapada en la culpabilidad, y a continuación conserva la culpabilidad mediante la repetición de este mismo error de la separación, una y otra vez. Pero todo ello no es sino un gran truco para que sigas sintiendo que has hecho algo mal.

Así, la culpa no tiene nada que ver con los comportamientos. La culpa se genera a partir de la división esencial que se produce en la mente (véase el comentario sobre los niveles de la mente en el capítulo 2), no a partir de las cosas del mundo, aunque se proyecta inmediatamente hacia fuera, dando lugar al mundo de la forma. Esto significa que la experiencia de culpa solo es un resultado del propósito que el ego da a las cosas. La mayoría de la gente no es consciente de esto. Por lo tanto, por más que tratemos de cambiar nuestra conducta, la culpa sigue estando presente. La creencia en el infierno, en el diablo o en alguna fuerza oscura separa la mente de la experiencia de ser una con Dios. En el ámbito metafísico, nuestra culpa es la que proyecta toda la idea de una fuerza oscura externa, la idea del infierno. Como el ego cree en opuestos y tiene miedo de Dios y del amor, se inventa ideas como el infierno, el diablo y el pecado. Es como si el ego usara lo más sagrado para atemorizar a la mente con las ideas opuestas. Por ejemplo, en esencia, el cristianismo es puro. Se supone que lleva a la gente hacia Dios. Las enseñanzas de Jesús en estado puro —presentes en el misticismo cristiano, en el gnosticismo y en el *Libro de Urantia IV*— hablan de ello. El ego parece tomar lo más puro y hacerlo oscuro para intimidar a la gente. Toda esta culpa por la separación es inconsciente. La mayoría de la gente, cuando llega a casa después de un día repleto de dificultades emocionales, no dice a su pareja: "Maldita sea, es esa creencia de que me he separado de Dios; he estado expresándola durante todo el día". Cuando estamos en medio del tráfico, no decimos: "¡Al adelantarme, ese tipo casi me saca de la carretera! ¡Ah, otra vez la separación de Dios!" Y tampoco acabamos de comer y decimos: "Oh, he comido demasiado; me siento hinchado... ah... la separación de Dios". Surge esta separación de Dios y entonces nos sentimos muy culpables. Pero no pasamos el día pensando conscientemente en que nos hemos separado de Dios. No somos conscientes de que esta separación es nuestro único problema, y tampoco nos preguntamos por qué seguimos jugando a este juego. No somos conscientes de que la culpa ontológica está causando todos nuestros problemas específicos.

Cuando intentamos arreglar nuestra vida o curarnos, nos enfocamos equivocadamente y con fuerza en los aspectos específicos. La mente se enreda y se complica. Por eso podemos trabajar con un psicoterapeuta durante años y avanzar muy poco: porque nos estamos enfocando en algo equivocado. Es como reordenar las sillas en la cubierta del Titanic mientras la nave se hunde. Mientras la culpa siga surgiendo, habrá un profundo miedo al amor muy en el fondo de nuestra mente. Seamos conscientes de ello o no, el amor nos aterroriza. Por supuesto, es el terror del ego. Y mientras nos identifiquemos con él, sentiremos sus emociones, sentiremos la culpa del ego.

Cómo el ego maneja la culpa para mantenernos atrapados

Tenemos que desidentificarnos del ego, exponerlo y mostrar que no es nada. Cuando nos desidentificamos del ego, somos libres de él para siempre. Entonces, ¿cómo mantiene el ego la culpabilidad? ¿Cuáles son sus trucos en el fondo de la mente, donde realmente ocurre la culpa?

Hay *mucha* culpa en la mente. El ego lo tiene dispuesto así por una razón: para mantenernos atrapados en un pequeño autoconcepto que es muy limitado, y que experiencialmente está muy lejos de nuestro verdadero Ser (Yo). La manera que tiene de hacer esto es a través de recuerdos, condicionamientos y anticipación. Simplemente seguimos teniendo ciertos recuerdos y experimentando sucesos que refuerzan la culpa una y otra vez. Esto se debe a que la culpa está vinculada a los comportamientos. Pero, por más que tratemos de comportarnos y de ser un buen chico o una buena chica, y por mayores que seamos, la culpa sigue haciendo que parezca que hacemos las cosas mal. Y todos nosotros todavía parecemos tener comportamientos que asociamos con la culpa. Parecemos estar atrapados, con la pierna en una trampa, y no podemos escapar de ella porque la culpa se recicla una y otra vez a través de nuestros recuerdos y condicionamientos. Y nuestra anticipación de que las cosas son así sigue proyectándola hacia el futuro, y de esta manera seguimos experimentándola.

Hay una línea en *Un curso de milagros* que dice: "Tienes que aprender, por tanto, que la culpabilidad es siempre demente y que no tiene razón de ser"[19]. Esta es una enseñanza muy clara de Jesús: no hay razón para la culpa. Otra línea dice: "La ira no es más que un intento de hacer que otro se sienta culpable"[20]. Llamo a esto la trinidad impía: culpa, miedo e ira. Los tres proceden del sistema de creencias del ego en un intento de proyectar. En esta dinámica, si te enfadas lo suficiente, se supone que alguien admitirá su culpa o se sentirá mal. Todo ello es un intento del ego de no mirar a nuestra propia culpa, y lo único que conseguimos es conservar nuestra culpa y nuestro enfado. Mi gran sugerencia es que, cuando estas emociones surjan en ti, no admitas las justificaciones ni las racionalizaciones del ego, ni busques motivos a los que culpar en el mundo. Nunca podrás conocer el cuadro mayor de la mente mientras creas que el ego es real.

---

19. Tienes que aprender, por tanto, que la culpabilidad es siempre demente y que no tiene razón de ser. UCDM, T-13.X.6:3.

20. La ira no es más que un intento de hacer que otro se sienta culpable. UCDM, T-15.VII.10:3.

Solo podemos sentir enfado, culpa o temor mientras mantengamos la creencia en la separación activa en nuestra mente. Toda culpa surge de intentar pensar aparte de cómo piensa Dios. Dios es amor, y la ilusión de culpa solo puede venir de tener pensamientos que no son de Dios. Deben ser pensamientos del ego, porque el ego es la creencia en la separación de Dios. *Un curso de milagros* declara que los sentimientos de culpa solo son una señal de que no sabemos que Dios mismo ordena nuestros pensamientos, y creemos que podemos pensar aparte de él[21].

¿Qué relación guarda esto con todos los problemas que vemos en el mundo? Creer que puedes pensar aparte de Dios es el "problema de autoridad". Es creer que puedes ser tu propio autor. De modo que el problema de autoridad es una cuestión de autoría: ¿soy el autor de mí mismo o es Dios mi autor? ¿Soy tal como Dios me creó, Espíritu, o he podido convertirme en algo que no es Espíritu: carne, separado, pequeño y minúsculo? El problema de autoridad ocurre en la mente, pero es proyectado a la forma. Se despliega cuando los niños tienen problemas con sus padres. Piensa en los niños de dos años y en el primer "¡no!" que dicen a mamá o a papá. Ya sabes lo que ocurre cuando llega la adolescencia y los padres se ponen autoritarios: "Estás bebiendo; vamos a imponerte un toque de queda; te vamos a retirar la posibilidad de conducir". La guerra puede empezar contra los padres y transferirse a los compañeros de clase y a los profesores. Y después, a medida que los adolescentes crecen, van teniendo problemas de autoridad con los oficiales de policía, con los políticos, los abogados y los jefes. La cosa sigue sin parar. Todo ello es una proyección del problema de autoridad original, de pensar que somos nuestro propio autor.

---

21. *Un curso de milagros* dice que los sentimientos de culpa solo son una señal de que no sabemos que Dios mismo ordena nuestros pensamientos, y también de que creemos que podemos pensar aparte de él. UCDM, T-5.V.7:1-6.

La culpa y el juicio siempre van juntos. Juzgamos porque nos sentimos culpables. Pero, ¿de dónde viene la culpa? ¿De dónde vienen los profundos sentimientos ontológicos de separación y de que algo está mal? No se trata de la culpa personal —yo, personalmente, soy indigno o no soy suficiente—, con la que la mayoría de la gente lidia durante toda su vida. Me refiero a ese sentimiento fundamental de equivocación, de que algo ha ido rematadamente mal, de que toda esta fragmentación no tenía que ser: el núcleo de la culpa. Viene de la creencia de que tú puedes ordenar tus propios pensamientos, de que puedes juzgar. Es emplear mal el poder de la mente. Es como decir: "Ahora estoy en el espacio y en el tiempo, aquí puedo hacer lo que me dé la gana. Tengo dinero para gastar. Tengo tiempo que pasar". Dar este poder al ego es casi como dar una tarjeta de crédito a un niño y decirle: "¡A por ello! ¡Ve a divertirte con la tarjeta de crédito y haz lo que quieras con ella! ¡No me importa!" El ego cree que este tiempo es tuyo, y es como dinero que puedes gastar entre el nacimiento y la muerte, y puedes hacer lo que te venga en gana. Y, ¡vaya! Mira la variedad que está involucrada si consideras todos los años, los siglos que esto ha estado sucediendo, y todas las distintas maneras de que transcurra una vida individual: como centurión romano, como prostituta, como gobernador, como atleta, como oficinista o como médico, como esposo o esposa, como enfermera, carpintero o cualquier otra cosa. Hay todo tipo de combinaciones. Es casi como la enseñanza Nueva Era que tal vez conozcas: "Crea tu propia realidad". Esto es lo que está debajo de ello: la creencia de que tienes un menú en el espacio y en el tiempo, y de que puede elegir y seleccionar de todas las distintas posibilidades, de todas las imágenes, y hacer un conglomerado, un yo personal sintético.

Cuando tienes una sensación de estas dinámicas que se producen en la mente, puedes aprender no a dejar de juzgar, sino a dejar que el Espíritu Santo juzgue por ti. El Espíritu Santo, Quien nos conoce tal como verdaderamente somos, nos juzga inocentes a todos y a todas las cosas. Podemos referirnos a la expresión bíblica: no juzguéis y no seréis juzgados. Esto fue dicho por Jesús hace dos mil años. ¿Conoces a alguien que haya sido capaz de seguir completamente estas palabras?

Retornar al Hogar de Nuestro Padre

Jesús contó la parábola del hijo pródigo, en la que un hijo se va de la casa de su padre después de pedir la herencia[22]. Se marcha y gasta toda la herencia viviendo disipadamente hasta que ya no le queda nada, hasta que empieza a pasar hambre, hasta que su único trabajo es alimentar a los cerdos y se ve forzado a comer sus sobras. Y después de algún tiempo, dice: "Hasta los sirvientes de mi Padre tienen más que yo. Tal vez debería volver". Y vuelve avergonzado; vuelve culpable. Vuelve con la cabeza gacha.

Pero incluso antes de que él se acerque a casa, su padre lo ve y baja corriendo por el camino, corriendo a darle la bienvenida, corriendo para celebrar. Asimismo, nuestra vergüenza, nuestra culpa y las cosas malas que creemos haber hecho se encuentran con unos brazos abiertos. El padre solo puede ver la inocencia del hijo, de modo que lo celebra con una fiesta, sacrificando el ternero cebado. Y entonces el otro hijo, el hijo abnegado, el hijo que ha tratado de ir a lo seguro y de hacer todas las cosas bien, ve que el hermano condenado vuelve. Y dice: "¿Qué está pasando aquí? ¿Una fiesta? Yo he estado aquí en todo momento, a tu lado, cumpliendo con mi deber, y nunca has sacrificado un ternero por mí. A este vagabundo, este traidor, este débil que se lo ha gastado todo, ¿le das la bienvenida y le organizas una fiesta?" El hijo obediente está enfadado. Y el padre le dice: "Querido hijo, todo lo que tengo es tuyo, siempre lo ha sido. Pero tu hermano, mi hijo, estaba

---

22. Jesús contó la parábola del hijo pródigo, en la que un hijo se fue después de pedir su herencia. *Santa Biblia*, Versión New King James, 1979, Lucas 15:11-32, Nashville, TN: Thomas Nelson Publishing.

perdido y ahora ha sido hallado". No hay nada más importante que ser hallado, volver a encontrar nuestra verdadera herencia, independientemente de lo que pareció ocurrir cuando estábamos perdidos. Esta segunda oportunidad es la rama de olivo que está ahí para todos nosotros. Dios nos está diciendo: "Simplemente toma la rama de olivo, toma la rama de la paz". Esta comprensión es lo que significa la segunda venida de Cristo. Es nuestra autorrealización. Cuando tomamos conciencia de nuestro verdadero Ser —el conocimiento de que todo está perdonado y de que somos uno en Dios, donde siempre hemos estado— sabemos que no somos sino mente. Esta mente es total y completa. Nunca ha soñado con el miedo, la pérdida y la separación. Es libre y feliz en Dios. Está libre de culpa, ¡es inocente![23]

EJERCICIO: Examinar la culpabilidad

De la culpa a la inocencia

Para escuchar una versión grabada [en inglés] de este ejercicio, ve a http://www.newharbinger.com/41870. (Allí hay mucho más material para descargar.)

A veces queremos enérgicamente tener razón con respecto a una situación. Cuando surge el dolor de la culpa o el deseo de tener razón, recuerda que, si cedes a él, estás decidiendo en contra de tu felicidad y no aprenderás a ser feliz.

Este ejercicio tiene dos partes y en él vas a usar una situación para examinar de cerca tus experiencias de sentir culpa y culpar a otros, y vas a orientarte hacia la liberación de dichas experiencias. Reconoce e invita la presencia del Espíritu, tu poder superior, para que guíe tu mente a lo largo de este proceso.

---

23. Cada vez que el dolor de la culpabilidad parezca atraerte, recuerda que, si sucumbes a él, estarás eligiendo en contra de tu felicidad, y no podrás aprender a ser feliz. UCDM, T-14.III.3.

Primera parte: explorar los sentimientos de culpa y de culpar a otros

Identifica a una persona a la que culpas por haberte herido. Responde a las preguntas siguientes en tu diario:

1. ¿De qué culpas a esta persona?
2. ¿Por qué piensas que es culpable?
3. ¿Cómo mantienes la idea de que es culpable en tu mente?
4. En esta situación, ¿qué piensas que hiciste que ahora lamentas o sientes culpa por ello?

Oración para la liberación de la culpa

Te pido ayuda, Espíritu Santo, para verme a mí mismo y a mi amigo tal como tú nos creaste.

No puedo hacer esto solo, de modo que te pido que estés conmigo ahora.

Quiero ser feliz. Espíritu Santo, ayúdame a decidirme por la paz.

Te entrego esta situación o esta relación. Confío en que tú me guiarás en el camino que tengo por delante.

La paz mental es una decisión en el presente, ¡que ahora mismo tomo agradecido!

Solo parecía posible sentir culpa y culpar porque estaba determinado a conservar una falsa creencia con respecto a quién soy y a quién es mi amigo.

Suelto el significado que le he dado a esta situación y abro mi mente al presente, absuelto e inocente.

Me siento agradecido al darme cuenta de que la causa de mi molestia, que yo creía que estaba en el mundo, en realidad solo era una creencia que no había cuestionado y una decisión en mi mente.

He tomado una nueva decisión a favor de la paz mental.

Segunda parte: Inocencia

Continúa con la misma persona y situación. Ellos y tú habéis compartido vuestra identidad en Dios como perfecta inocencia. Dedica un momento a reflexionar sobre esto. Cuando estés preparado, responde a las preguntas siguientes en tu diario:

1. ¿Sientes que esta persona merece ser inocente? ¿Por qué o por qué no?
2. Si no puedes ver que los dos sois inocentes, ¿puedes notar la sensación de desear tener razón?
3. Si tener razón significa que serás infeliz, ¿sigues queriendo tener razón?
4. ¿Puedes ver que aceptar la inocencia os libera a ambos de la culpa?
5. ¿Qué es la inocencia para ti? Anótalo y enfoca tu atención en cómo te hace sentir esta experiencia de inocencia.
6. Ahora tómate un momento y reflexiona sobre esta oración:

Yo soy la obra de Dios, y Su obra es totalmente digna de amor y totalmente amorosa. Así es como un hombre debe pensar con respecto a sí mismo en su corazón, porque esto es lo que él es[24].

Para ampliar este proceso y ahondar en tu experiencia de sanación usando los niveles de la mente, puedes encontrar una hoja de cálculo descargable en http://www.newharbinger.com/41870

Reemplacemos los pensamientos de culpa

Nada de lo que percibimos está ahí por accidente; es exactamente como es porque así es como nuestra mente quiere que sea. Al hacer consciente nuestra culpa inconsciente y después liberarla, podemos sanar y empezar a percibir el mundo de manera diferente. Tenemos elección en cuanto a cómo interpretamos las cosas. En verdad, no hay ninguna culpa en absoluto. No tiene propósito. Y solo interpretaremos el mundo con dureza mientras tengamos un deseo inconsciente de

---

24. Tú eres la obra de Dios, y Su obra es totalmente digna de amor y totalmente amorosa. Así es como el hombre debiera pensar de sí mismo en su corazón, pues eso es lo que realmente es. UCDM, T-1.III.2:3.

culpa. Podemos aprender a ser más amables con nosotros mismos, a liberarnos de esas duras interpretaciones y a tener el corazón más ligero. Podemos reírnos y cantar de alegría, y sentir que realmente estamos avanzando en la buena dirección. ¿Por qué no dejar que cada día sea así?

Podemos encontrar la inocencia en nuestro corazón incluso cuando las cosas parecen venirse abajo y cuando parecen implosionar. ¡No trates de mantenerlas intactas! Estamos yendo a casa. Estamos despertando. No hace falta complicar más las cosas. Estamos aquí para exponer el juego de culpa del ego. Todo lo que el ego hace —cada artimaña, cada defensa, cada truco de libro— está pensado para perpetuar la culpa. Deja que surja y libérala.

Tienes que darte cuenta de cuán identificado estás con los pensamientos que tienes. Si proteges tus juicios con respecto al mundo, ¿cómo podrías no sentirte culpable? En realidad, no eres culpable porque Dios no creó la culpa. Dios no creó una corriente de pensamientos culpables y dijo: "Este es mi querido flujo de pensamientos culpables, ¡por los que me complazco!" ¡Dios no funciona así! No, Él dice: "Este es mi hijo amado, ¡por el que me complazco!" Dios se siente complacido con el Cristo, el Cristo de puro amor, pura inocencia, que eres tú, ¡y no con la corriente de pensamientos culpables!

Mientras que el propósito del ego es hacer que te sientas culpable, el propósito del Espíritu es extender inocencia. Por eso tienes que entrar dentro y llevar la culpa ante el Espíritu Santo. Lleva esa culpa a la luz para poder ver que la culpa no tiene nada que ver con el mundo ni con tus comportamientos. A medida que ahondas, empiezas a darte cuenta que nunca hay razón para sentirse culpable; la culpa solo forma parte del falso sistema de creencias del ego. Empiezas a tomar conciencia de que el camino de salida son los milagros. Cuanto más milagrosa se vuelve tu vida, más habitual se hace en ti la mentalidad milagrosa y la experiencia de inocencia que la acompaña.

Has tenido vislumbres de esta inocencia. No necesitas cambiar. No tienes que llegar a ser mejor en algo. No necesitas arreglar algo. Simplemente, tú eres perfecto. En el capítulo siguiente aclararemos más esto cuando tratemos la importancia de nuestros pensamientos y el poder de nuestra mente.

Piensa en todas tus relaciones. ¿Cómo te sentirías si vieras que cada persona es perfecta? Y si alguien viniera a ti y te dijera:

—Oh, me siento tan mal por lo que he hecho.

Y tú pidieras simplemente sonreír, darle un gran abrazo y decir:

—Te quiero tanto.

Cuando puedes darte este regalo a ti mismo, tienes el poder de dárselo a todos: a todos tus amigos, familiares, compañeros de trabajo y a las personas con las que te encuentras en la tienda de comestibles. Uno se siente tan bien al dar este regalo. Debe venir del Espíritu Santo, porque el ego nunca podría concebir un regalo así. La mayor alegría de mi vida ha sido dar el regalo de la inocencia: "No eres culpable, eres inocente. Te veo inocente, te trataré como inocente y pensaré que eres inocente". ¡Solo dando aquello que quieres para ti mismo puedes escapar de la culpabilidad!

CAPÍTULO 5

PENSAMIENTOS PRIVADOS

Nos comunicamos por medio de palabras, a través del lenguaje y compartiendo nuestros pensamientos. Esto ocurre cada día: en nuestras familias, en nuestras escuelas y en el trabajo. Cuando compartimos nuestros pensamientos con otros, expandimos nuestra visión, conectamos y crecemos. También podemos comunicar sin palabras, y aún así la comunicación se comparte con claridad, por ejemplo a través del lenguaje corporal. Pero si no tenemos a alguien con quien hablar, creemos que no compartimos nuestros pensamientos. Parece que podemos pensar en cualquier cosa que queramos y nadie más lo sabe. Esta es la creencia de que tenemos privacidad dentro de nuestras mentes. Pero solo nuestros pensamientos fabrican la totalidad (aparentemente privada) del mundo que vemos.

En nuestro monasterio, inspirado en *Un curso de milagros*, no hacemos voto de pobreza, castidad ni obediencia, como se hace en los monasterios tradicionales. No obstante, tenemos una directriz: animamos a todas las personas a que no tengan pensamientos privados y a exponer lo que ha estado escondido.

Las mentes privadas, con pensamientos privados, parecen ser la base misma de la condición humana: los humanos valoramos la privacidad, la autonomía y la independencia. Se dice que estas cosas constituyen al ser humano, pero es un fingimiento, una treta. Estos conceptos e ideas irreales generan la ficción de la raza humana, la ficción de la individualidad y la separación. En esta ficción, parece que cada persona sigue su camino y lleva una vida diferente y aparte, y solo se encuentra con otros en ciertos momentos. Este estado de cosas nunca nos ha producido alegría, paz o satisfacción de manera consistente. Surgiendo de la creencia en la separación, las mentes privadas y los pensamientos privados nos hacen deambular, perdidos, en el espacio y en el tiempo. Lo único que necesitamos es abrirnos y compartir. Volviendo a la historia de Jenny, ella dice:

> *A los veintitantos, no tenía un matrimonio feliz. Mi marido estaba siempre enfadado y eso para mí era demasiado. Sentía que no tenía a nadie con quien hablar de ello. Entonces, en un congreso conocí a un pastor, a quien consideré muy digno de confianza. Le abrí mi corazón, le conté todas mis experiencias y todo el dolor que sentía en mi matrimonio. Este pastor se limitó a escucharme. Era de mentalidad muy abierta, se le notaba muy interesado, involucrado y paciente, y yo sentía una gran apertura en mi corazón y mi mente. Me pareció muy valioso, el salvavidas que había buscado durante tanto tiempo. Me sentí vista y escuchada. Esto me abrió a emprender los numerosos pasos que necesité para avanzar y sanar. Abrirme a contar mis pensamientos privados cambió mi vida.*

El hecho de mantener las cosas dentro y no compartirlas viene del impulso de defendernos y protegernos. Pero la necesidad de defendernos solo puede venir cuando nos hemos identificado con una ilusión de nosotros mismos[25]. Si tomas un pensamiento que te venga, un sentimiento de leve preocupación, y lo sigues en tu mente, encontrarás una imagen de ti que no es tu verdadero yo. Es una imagen que fue fabricada para tomar el lugar de tu verdadero Ser (Yo).

---

25. Nunca te olvides de que cuando sientes surgir la necesidad de defenderte de algo es que te has identificado a ti mismo con una ilusión. UCDM, T-22.V.6:1.

No es que nos ocurran cosas buenas o malas. Podemos aprender a no juzgar la forma y a ver, en cambio, que todo es una oportunidad para exponer nuestros temores, dudas y creencias. Hemos estado acostumbrados a incorporar lo que se nos dice, a tomarlo personalmente, a sentirnos mal, y a pensar que no merecemos compartir, que no merecemos *ser*.

La experimentación y la percepción de un mundo externo están enraizadas en esconder nuestros pensamientos privados y en aferrarnos a ellos. Cuando empieces a tomar más conciencia de tus pensamientos y creencias, descubrirás que lo que parecía ocurrir en la forma está conectado con tu experiencia, con lo que sientes internamente. En realidad, el mundo interno y el externo no son diferentes; se funden. Parece que hay un mundo fuera de la mente, pero en realidad no está ahí fuera. El mundo es un sinónimo de la mente. Esto significa que, en realidad, no tienes problemas con las relaciones interpersonales; en realidad, no tienes ningún problema físico; en realidad, no tienes problemas con lo que le pueda ocurrir al medio ambiente. Todo ello está en tu mente. Todo ello es mental.

El pensamiento privado central

Cuando se trata de sanar la mente y de abrirse a la libertad y a la alegría, el gran cambio ocurre cuando abrimos nuestros pensamientos más privados[26]. Por debajo de todos los demás, hay un pensamiento central secreto que a la mente le resulta intolerable. Es esta idea: "Estoy separado de Dios". Este pensamiento privado central marca el nacimiento de la creencia en el tiempo y proyecta todo un mundo. Este pensamiento

---

26. Cuando se produce la realización del Ser y hay una experiencia de pura unidad, ya no hay ninguna experiencia de pensamientos privados, sin embargo, la condición de estar en este mundo es la de creer en esos pensamientos. De hecho, se cree que son la única realidad. UCDM, L-pl.52.5(10):2-3.

pone todo lo que nos da miedo "ahí fuera", y también lo que creemos que es agradable. Aquí es donde algunas creencias, como la creencia en el placer y el dolor, vienen a intentar fortalecer la idea de que tú eres un cuerpo. Podemos decir que los pensamientos de valorar el cuerpo y de identificarse con él son pensamientos privados diluidos que cubren el pensamiento privado central de separación. En esencia, todos los pensamientos que me separan a "mí" de "ti" son pensamientos privados.

Los pensamientos que te alejan de la experiencia de este momento presente, y cualquier pensamiento que involucre el tiempo, son pensamientos privados. Esto se debe a que el tiempo, tal como lo usa el ego, excluye la experiencia del presente, el milagro. Un pensamiento privado siempre involucra de un modo u otro el pasado o el futuro. El lamento por algo que parece haber ocurrido en el pasado o la preocupación por algo que pueda ocurrir en un hipotético futuro son ejemplos de ello. Estos pensamientos, que a menudo son preocupaciones y también esperanzas, solo involucran la percepción de un individuo separado. Por lo tanto, también reciben el nombre de pensamientos hipotéticos. Hablando hipotéticamente, hablando "como si", algo podría ocurrir o no ocurrir en el futuro. Si realmente observas tus pensamientos mientras se despliegan, verás que tienes muchos pensamientos hipotéticos privados. A algunos de ellos se les juzga deseables, lo que explica por qué los piensas una y otra vez. Otros son preocupantes o atemorizantes y llevan asociadas muchas dudas, enfado y culpa. Pero todos ellos forman parte de un mecanismo para distraerte e impedirte experimentar el momento presente.

El Espíritu Santo sabe que la mente durmiente está muy dedicada a los pensamientos privados. Cuando se realiza el Ser y se produce una experiencia de pura unidad, ya no hay experiencias de pensamientos privados, aunque la condición para estar en este mundo es creer en dichos pensamientos. De hecho, se suele creer que son la única realidad. De modo que, en verdad, yo no tengo pensamientos privados, pero, como yo separado, de lo único que soy consciente es de pensamientos privados. Esto debe significar que yo no soy el yo separado. Por su propia naturaleza, los pensamientos privados proceden de una mente individual, con recuerdos y pensamientos del pasado, así como de mirar hacia delante y planificar el futuro. De esta manera, exponiendo todos tus pensamientos al Espíritu Santo, y tal vez a un amigo en quien confíes mucho, te estás abriendo a una experiencia completamente diferente, diferente de cualquier cosa que hayas vivido antes.

Sin duda habrás notado que hay muchas emociones conectadas a los pensamientos privados, y por eso puede parecer que la condición humana no es sino un viaje en la montaña rusa. Arriba y abajo. La gente suele decir: "La vida está diseñada para ser una serie de retos", y "Es inevitable afrontar retos cada día". Esta es la experiencia de la mayoría de la gente, y se basa únicamente en los pensamientos privados y en las emociones que los acompañan. Si tuviéramos que dar una definición de la voluntad de Dios para nosotros, sería *perfecta felicidad*[27]. La voluntad de Dios ciertamente no dispone una montaña rusa de emociones y experiencias dolorosas. Por eso parece que se requiere mucha buena voluntad consciente para permitir que los pensamientos privados salgan a la conciencia, y después para estar dispuesto a *no* protegerlos, a *no* taparlos ni reprimirlos, y a *no* negarlos. Simplemente permite que surjan a la conciencia, después déjalos ir y entrégaselos al Espíritu Santo.

Esto no se parece a muchas espiritualidades en las que se nos enseña a acentuar lo positivo y eliminar lo negativo, o a usar afirmaciones positivas. Esto es algo que suele decir la gente que está en el camino espiritual, como si pudieras eliminar lo negativo y solo tener pensamientos positivos en

---

27. Si tuviéramos que dar una definición de la Voluntad de Dios para nosotros, sería perfecta felicidad. UCDM, L-pl.101.

tu mente. Pero tanto los pensamientos positivos como los negativos vienen de la perspectiva dualista, de una parte de una continuidad, y es esa misma continuidad lo que es el impedimento.

De modo que alcanzar la felicidad y la paz interna es una cuestión de estar dispuesto a *no* esconder ni proteger los pensamientos privados. Como juzgamos que nuestros pensamientos privados son terribles o están equivocados, los ocultamos. La mente se pone una máscara. Lleva la máscara de la personalidad, con las creencias y pensamientos subyacentes, que tiene demasiado miedo de afrontar y exponer, porque cree que son reales. Creemos que si la gente supiera de estos pensamientos, no querrían seguir estando cerca de nosotros.

Pero, a medida que vamos exponiendo más y más estos pensamientos privados, llegamos a un punto en el que decimos: "Ah, esto solo son pensamientos en la mente. No me puedo creer que me haya aferrado a ellos durante tanto tiempo". La única manera de llegar al verdadero tú, o de alcanzar esa sensación de invulnerabilidad y un estado constante de felicidad, es soltar la máscara, la parte de ti que desempeña el papel de yo-personalidad. Dejar ir la creencia de que esos pensamientos son realmente quien tú eres y cuestionar su validez. El ego se lo ha montado de esta manera para oscurecer la verdad con respecto a quién eres. "Mas solo lo que está oculto puede aterrorizar, no por lo que es intrínsecamente, sino por el hecho de estar oculto"[28]. El ego fabricó todas las diferencias que llevan a todos los pensamientos privados. Por lo tanto, solo a través de la conciencia de que no hay pensamientos privados conocemos la libertad y el amor como realmente son, el amor que está en el núcleo de nuestro ser, el amor que es nuestro verdadero yo divino.

---

28. Mas solo lo que está oculto puede aterrorizar, no por lo que es intrínsecamente, sino por el hecho de estar oculto. UCDM, T-14.VI.1:4.

Ábrete, comparte y sé libre

Solo ocultamos nuestros pensamientos por miedo y culpa, y esto implica aferrarnos a una supuesta identidad de culpa. Cuando realmente entregamos los pensamientos privados al Espíritu Santo, los soltamos para siempre. Es como hablar con tu mejor amigo. Tu mejor amigo no se toma esos pensamientos en serio, y es posible que se ría cuando los compartas, y entonces tú también te ríes porque ves lo tontos que son. Así es como se produce la sanación.

Hemos oído hablar del profundo valor de la comunicación, y a menudo lo hemos sentido. El instante santo es la experiencia de comunicación total. Es lo que yo llamo comunión. La comunión con Dios es una comunicación total en la que todo está a la vista. Todo el camino de la iluminación y la autorrealización consiste en dejar que los pensamientos privados surjan a la conciencia voluntariamente, delicadamente y con buena disposición. Al ver que ya no te sirven, te das cuenta de que no los necesitas para sobrevivir. No los necesitas para conservar una sensación de bienestar. Te relajas, te hundes en el momento presente y experimentas que todo lo que podrías haber deseado o necesitado está en este mismo momento.

Hace falta mucha confianza para soltar los pensamientos que crees que te aportan solidez, seguridad y muchas, muchas cosas deseables. Pero en realidad no te han aportado seguridad. Han sido más como una rueda: simplemente has continuado pensándolos una y otra vez. La rueda no te aporta paz mental. Esta rueda, la rueda de distracción, es la que ha mantenido tu experiencia alejada del momento presente. Cuando vas más profundo, empiezas a tener vislumbres de que tu vida cotidiana solo puede reflejar lo que está en tu mente: tus pensamientos. Yo les llamo "los cuarenta principales": los pensamientos más recurrentes. Trabaja con tus "cuarenta principales"; son temas que están esperando ser disueltos y ahora tienes la oportunidad de disolverlos. Procura no interferir con la sanación que ya se está produciendo.

Algunos de mis mejores momentos, los momentos que más he disfrutado en la Tierra, han sido cuando he realizado largos retiros y las personas han hecho cola para hacer sesiones individuales. A menudo, esto ocurre después de profundas charlas, puesto que la gente entra en contacto con un intenso deseo de abrirse y compartir lo que tiene en su corazón. Algunas personas descargan sus secretos más profundos y oscuros, sus vergüenzas más profundas o sus peores temores. Esto es digno de honra. Es inmensamente sincero y hermoso. Me encanta que me usen como un instrumento de inocencia y sanación. A menudo, cuando me siento con alguien, sus ojos están diciendo: "¿Puedo confiar en ti? ¿Seguirás amándome después de que te diga lo que te quiero decir?" Y a continuación, lo sueltan. Generalmente, lo que sigue a estas sesiones es un momento de chispa en los ojos, y ambos nos sentimos felices y amorosos porque el amor de Dios trasciende cualquier cosa que el ego pueda inventar, cualquier recuerdo, cualquier percepción. Tenemos una experiencia de nuestra divina inocencia, que es lo que todos queremos.

Un paso muy útil hacia no tomarse el mundo tan en serio y no tomarse las cosas personalmente es tener un entorno seguro, un ambiente seguro, como un mejor amigo con quien puedas soltar tus pensamientos privados y tus agravios. Imagina que dispones de la presencia y el espacio, que tienes a alguien, tal vez tu esposa, un compañero de trabajo, un amigo íntimo o un pariente en quien puedes verter tu corazón sabiendo que te quiere. Confías en esa persona y sabes que no se va a tomar de manera personal nada de lo que digas. Puedes soltar las cosas más oscuras. Creo que esto fue la intención original que estaba detrás de los confesionarios de la Iglesia católica: soltar cargas. Hablar con alguien amoroso que nos cuida es un símbolo de entregárselo a Dios, y de no aferrarse a nada. Cuanto más dices: "Quiero sanar; quiero sacar esto, quiero liberarlo y entregarlo", más oyes a los demás hablar de exactamente los mismos pensamientos y compartir las mismas experiencias. Y cuando eres tú quien les escuchas a ellos, piensas: "Oh, ¿cómo ha podido ella pensar eso de sí misma? ¿Cómo ha podido él creer eso? Siento amor por él; ella es preciosa". Una vez se expresan los pensamientos privados, el sentimiento es: te quiero.

Tanto si estás entregando pensamientos, como si estás oyendo a otro expresar sus pensamientos privados, ves con claridad que el ego está quedando expuesto y que no es quien tú eres. Realmente puedes ver estos pensamientos que son cada vez más ligeros, más y más divertidos. Lo verdaderamente poderoso es que no tratamos de fijar los pensamientos ni de retocar la historia. Simplemente los dejamos ir, de modo que pueda venir una conciencia más profunda a ocupar su lugar. Los problemas simplemente se disuelven y llegas a ver verdaderamente que el Espíritu Santo es el sanador. Lo que produce la sanación es practicar la oración de llevar las ilusiones a la verdad y rezar para llevar la oscuridad a la luz del amor.

EJERCICIO: Expresa esos pensamientos privados

Haz este ejercicio cuando puedas pasar una hora contigo mismo. Toma tu diario y silencia el teléfono móvil. Vas a dedicarte este tiempo exclusivamente a ti.

Primera parte: escribe una carta

Imagina a alguien en quien puedas confiar completamente, a quien podrías decir absolutamente cualquier cosa sin que te juzgara. Puede ser una persona real o imaginaria; incluso podrías escribir al Espíritu Santo. Este amigo te escucha amorosamente y no se siente afectado por nada de lo que dices ni por ninguno de los pensamientos de los que te sientes avergonzado. Se trata de alguien que te escucha con el corazón abierto y te ofrece amor incondicional.

Ahora vas a escribir una carta a este amigo. Siéntate en silencio y permite que todos los pensamientos privados vengan a tu mente. Anótalos en esta carta: pensamientos que has ocultado, pensamientos que te dan miedo, pensamientos de juicio con respecto a ti mismo, pensamientos que crees que harían que otros te juzgaran, pensamientos de los que te sientes avergonzado, pensamientos no amoroso que tienes con respecto a ti mismo o con respecto a otros, pensamientos que te preocupan pues crees que harían que otras personas dejaran de amarte.

Recuerda la importancia de sacar a la luz los pensamientos privados para ser expuestos: cuando algo está escondido, no puede ser sanado. Toma algunas respiraciones profundas y continúa escribiendo todos los pensamientos ocultos, e incluso los pensamientos que son tan intolerables que has evitado anotarlos. La sanación reside en exponer estos pensamientos. Ahora es posible ofrecerlos. Esta carta es la prueba de que estás dispuesto a examinar absolutamente cualquier cosa que surja en tu camino de sanación.

Cuando hayas acabado de escribir, siéntate o ponte de pie frente a un espejo y lee la carta en voz alta. Permítete sentir las emociones que salen a la superficie, sabiendo que existe una presencia amorosa que te acepta incondicionalmente a pesar de estos pensamientos.

Los pasos siguientes dependen de ti. Puedes conservar la carta, compartirla con un amigo en quien confíes, o si quieres hacer un acto simbólico de que sueltas estos pensamientos viejos, puedes incluso quemarla. Estos pensamientos no tienen ningún efecto sobre tu valía. Lo importante es que has permitido que tus pensamientos privados salgan a la superficie, los has reconocido y después los has soltado.

Tómate tiempo para cuidarte y para descansar después de este ejercicio. Deja que pase cualquier emoción, pensamiento o juicio; no permitas que obstaculicen la paz que es tu derecho de nacimiento. Si has sido capaz de entregarte plenamente a este ejercicio, sentirás una aceptación más profunda de ti mismo y aprecio por la sanación que estás experimentando.

Segunda parte: aventurarse en espacio abierto

Repasa lentamente estas preguntas, una a una. A modo de oración, anota en tu diario tus respuestas y pensamientos, sin adelantarte a leer la pregunta siguiente.

1. Elige una relación íntima o una amistad en la que notas que te cuesta expresar tus pensamientos y sentimientos.

2. Pregúntate por qué crees que retienes la expresión de tus pensamientos en esta relación.
3. ¿Cómo te sientes al retenerlos? ¿Cómo reaccionas?
4. ¿Qué temes que ocurriría si fueras auténtico y transparente con tus pensamientos?
5. ¿En qué sentido sería diferente tu vida si te permitieras expresar lo que estás pensando y sintiendo a las personas más cercanas?

A la luz del amor, la comunicación disuelve el ego

Cuando lo hayas expuesto todo, el Espíritu querrá extenderse en ti, pero el ego tiene miedo de hacer eso, de modo que podría ser otro obstáculo a superar. El ego querrá que retengas, que mantengas tu amor, tu alegría y tu felicidad contenidos. Permítete compartir: simplemente deja que se vierta hacia fuera para que puedas empezar a darte cuenta de que no has de tener miedo del amor. El amor se vierte a través de nosotros, se expresa a través de nosotros, como una experiencia limpiadora que nos lava y purifica, y el único que tiene miedo es el ego. Sé consciente de que el ego sabe que si el amor sigue derramándose, él se disolverá. El ego quiere existir, de modo que, para él, esconderse es una cuestión de supervivencia.

La decisión de elegir al ego al conservar los pensamientos privados a menudo es inconsciente. Es la creencia de que puedes albergar pensamientos que no compartes, y de que tu seguridad reside en conservar esos pensamientos solo para ti mismo. Porque, con los pensamientos privados, solo compartes lo que tú decides compartir. Esto corta el potencial para la plena comunicación con los que te rodean y con Dios, que os rodea a todos juntos. Cada pensamiento que mantienes oculto corta la comunicación[29]. Por tanto, continúa abriéndote

---

29. Cada pensamiento que prefieres mantener oculto interrumpe la comunicación. UCDM, T-15.IV.8:1

para compartir y extender amor, y los obstáculos del ego y el temor desaparecerán.

Mientras cedas a la preferencia del ego de tener pensamientos privados y conservarlos, no podrás experimentar el instante santo. El instante santo ocurre en el momento presente, cuando no aparecen los pensamientos de pasado y de futuro del ego. El instante santo es un tiempo en el que das y recibes perfecta comunicación. Es un momento temporal en el que tu mente se abre a dar y a recibir. El instante santo es la aceptación de la única voluntad que gobierna todo pensamiento. Así es como llegas a experimentar los milagros de los que no has sido consciente. En la experiencia santa y sagrada de este momento, la mente no trata de cambiar nada, solo de aceptarlo todo. Este instante santo, este momento, es el reconocimiento de que todas las mentes están en comunicación[30].

---

30. El instante santo es el reconocimiento de que todas las mentes están en comunicación. UCDM, T-15.IV.6:7.

Segunda parte

MILAGROS INTERNOS

CAPÍTULO 6

ENCONTRAR VERDADERA GUÍA

¿Has oído hablar de que los atletas entran "en la zona"? ¿Has oído decir que mientras hacen ejercicio, o en un partido, entran en un estado que es completamente intuitivo y se sienten dirigidos desde dentro, y que esto les permite responder con perfecta gracia al mundo externo? En ese momento no están pensando en alcanzar un objetivo, están plenamente alineados con el presente y descansando en él. Nosotros podemos entrar en una "zona santa" similar al abrirnos a ser guiados.

Como seres humanos, nos enfocamos mucho en "hacer" en lugar de enfocarnos en "ser": ¿Qué voy a hacer hoy? ¿Qué hago a continuación? ¿Qué vas a hacer? ¿Encajará lo que tú vas a hacer con lo que voy a hacer yo? Ninguna de estas preguntas es verdaderamente útil, puesto que no están dirigidas al Espíritu Santo ni están abiertas a recibir guía. Conducen a una experiencia fragmentada de nuestro día, en la que nada parece tener sentido. Las cosas parecen ocurrir sin un sentido claro del propósito que está detrás de ellas. Por hábito, un problema común es decidir qué vamos a hacer antes de pedir guía. Este es el hábito de una mente que cree ser un ser humano, una mente que cree ser una "hacedora". Deberíamos decir que somos un "hacer" humano en lugar de un "ser" humano. La paz mental solo puede llegar cuando invertimos este hábito de primero decidir qué hacer y después pedir guía. Tenemos que incorporar el hábito de preguntar al Espíritu Santo qué quiere que digamos y que hagamos. Estar abiertos a pedir guía deshace la independencia y la autonomía de la separación, y nos abre a una saludable experiencia de la dependencia de Dios.

Estar en el estado de no saber, parecido al de un niño, es uno de los pasos más importantes para aprender a oír la voz interna del Espíritu y empezar a vivir la vida sin temor. Por su gran confianza, los niños son unos ejemplos estupendos. Es asombroso observar a los niños pequeños caminar con sus padres, levantando la mano y pidiendo ser guiados. Sus mentes están abiertas y receptivas a descubrir y aprender porque confían en que están siendo guiados sabiamente y se les está mostrando el camino. Un primer paso hacia este estado de "no saber" y de ser guiado es abrir la mente y estar dispuestos a aflojar nuestras definiciones de lo que significa cada cosa. El objetivo es dejarse guiar internamente por esta voz hasta el punto de no tomar ninguna "señal" del mundo externo, a menos que reconozcamos que proceden del Espíritu interno. Mi amiga Jenny comparte:

Sentí como si mi mente y mi vida fueran un laberinto al que no podía dar sentido, ¿y hacia dónde podía ir sino hacia Dios? Sentí que tenía que recibir claridad del Espíritu o Dios porque no podía confiar en mí misma. Sentía que no veía el cuadro mayor, el gran cuadro, y por tanto no podía saber qué era mejor en cualquier situación. Necesitaba Ayuda con "A" mayúscula, una verdadera ayuda. Me di cuenta de que este mundo no tenía respuestas ni guía que ofrecerme.

Mientras aprendía a oír y a seguir la guía, yo pasé una fase de mucha limpieza y de despejar muchas cosas; derramé muchas lágrimas durante años, y hubo mucho rezo, lecciones de discernimiento, y muchas preguntas. A veces, simplemente preguntaba una y otra vez, y entonces oía esta amable sabiduría dentro de mí. Decía: "Es bueno que estés empezando a pedirMe guía, pero no te vuelvas obsesivo. No hay necesidad de preguntar para tomar cada una de tus decisiones a lo largo del día". ¿Debo quitarme los zapatos? ¿Debo salir por la puerta? No te obsesiones. Simplemente confía en el Espíritu Santo. Siéntete abierto a la guía y confía en que te va a ir genial, en que el Espíritu está al mando. El Espíritu Santo dice: "Yo te dirigiré; simplemente estate dispuesto a seguir Mi dirección, y verás que las cosas son cada vez más fáciles para ti. Cuando empieces a alinear tu mente Conmigo, será más como un flujo".

Hace muchos años, sentí que quería y necesitaba discernir mejor entre el ego y el Espíritu Santo. Pedí guía al Espíritu Santo.

Yo: —¿Puedes ofrecerme algo práctico que sea de ayuda? Aunque tome tiempo, estoy dispuesto a trabajar en ello.

Espíritu Santo: —Mira tu vida y empieza a considerar cuántas de tus acciones cotidianas están basadas en el miedo a las consecuencias. Toma como ejemplo tu trabajo. ¿Irías a ese trabajo cada día si no tuvieras miedo a las consecuencias?

Yo: —Por supuesto que no. No iría a trabajar cada día si no tuviera miedo a las consecuencias, si no deseara cierta idea de seguridad para mi futuro.

Espíritu Santo: —Este temor bloquea la sensación de ser guiado. Ahora repasa todos los matices que parecen formar parte de cada día, incluyendo aspectos muy sutiles, como no querer decepcionar a la gente, no querer herir sus sentimientos, y no querer pisar a nadie. Observa qué más está basado en el miedo a las consecuencias.

Empecé a hacer esto con mi vida, a prestar atención a lo largo del día, y comenzó a suceder algo profundo, porque me di cuenta de que lo opuesto a temer las consecuencias es estar motivado por el amor. Imagina que solo estás motivado por el amor. Imagina lo diferente que sería si no hubiera una sensación de miedo empujándote. ¿Cómo sería tu vida? Empezarías a investigar para qué haces las cosas. Estar motivado por el amor te ayuda a discernir entre la guía del ego y la guía de Dios.

Cuando empecé a seguir al amor, me asombró lo fácil y práctico que resultaba escuchar esta verdadera guía. Si necesitamos una palabra de ánimo para confortarnos, ahí está. Si necesitamos instrucciones específicas, también están ahí. Si creemos que necesitamos algo, esa voz, esa única voz, siempre es la respuesta práctica. Y, para mí, aquí es donde las cosas se volvieron simples. Descubrí que sintonizar con mi voz interna, sintonizar con el Espíritu Santo, en realidad era el único objetivo que merecía la pena. A partir de ahí la vida se volvió muy simple. Al intentar escuchar al ego es cuando entra la complejidad. Pero, una vez que entiendes cómo funciona el ego, ¡puedes dejarlo a un lado!

Alejarse de la guía del ego

El ego es muy ingenioso. Tanto que quiere incluso recorrer el camino espiritual con nosotros. El ego puede hacer de ti un autoconcepto espiritual pulido. Puede incorporar cualquier concepto simplemente para preservarse a sí mismo. Puede ser muy escurridizo. Para saber si estás siguiendo al Espíritu Santo o al ego, tienes que ver cómo te sientes verdaderamente. Si te sientes feliz, ligero y pacífico, ahí la guía está llegando a ti. Si estás tratando de escuchar y seguir la guía, y no sientes alegría, es posible que estés ante una lección de discernimiento, porque el Espíritu Santo siempre inspira una verdadera sensación de alegría.

Un ejemplo clásico de lo escurridizo que es el ego es cuando empieza a decir cosas como: "Me gusta esto de la guía. Puedo hacer cualquier cosa que desee y diré que estoy siendo guiado". Tomemos como ejemplo una situación doméstica cuando estás viviendo con alguien. Uno de vosotros dice:

—Si no sacas la basura...
Y el otro dice:
—No me siento guiado a sacarla.
Entonces el primero replica:
—Yo tampoco me siento guiado a sacarla.
Tienes que observar a este ego; es muy listo:
—Bueno, mi espíritu santo me ha dicho...
—Bien, en realidad, mi espíritu santo me dijo...
Puedes ver que estás escuchando al ego cuando usas la palabra "mi". Esto es el ego intentando usar la idea de la guía para sus propios propósitos.

El ego no quiere que tengas nada que ver con la guía, a menos que se trate de su propia guía, y quiere que seas un esclavo de ella. Al ego le gusta eso, pero le ofende la guía del Espíritu Santo. Quiere protegerse, puesto que la guía del Espíritu lo deshará. Por lo tanto, quiere que dependas de él para todo. No quiere que te des cuenta de que la mente es la causante, y de que no puede ocurrir nada que la mente no haya pedido, que nada viene de "fuera". Cuando te das cuenta de que no hay nada externo, de que no hay causas ni efectos externos, el juego del ego se acaba. Has acabado eficazmente con su tiranía, su falso gobierno, y has aceptado la fuerza y el poder exactamente como son, en la mente y como mente.

Una de las verdades profundas que no se conocen en este mundo es que si tu percepción viene de la mente errónea, siempre le seguirá una conducta equivocada. Esto se debe a que los pensamientos y las imágenes de las formas son uno, son la misma cosa[31]. Si tienes pensamientos de la mente errónea, inevitablemente estarás mal encaminado. Las acciones y los comportamientos no son autónomos ni están separados de tus pensamientos y creencias. Lo que haces viene de lo que piensas. Esto es así sin excepción. Lo que haces viene determinado por tu percepción de la situación. Se produce un gran alivio al

---

31. Esto se debe a que los pensamientos y las imágenes de formas son uno y lo mismo. UCDM, L-pl.15.

saber que lo que haces solo viene de lo que piensas y crees, y que no hay nada fuera de tu mente. Por eso necesitas guía de una sabiduría situada más allá de tus propios pensamientos y sistema de creencias. Puedes relajarte y abrirte paso a este alineamiento con la guía interna del Espíritu Santo.

En realidad, la dificultad no consiste en descubrir qué voz es la del Espíritu Santo y cuál la del ego. Cuando tengas miedo en la mente, el ego atacará activamente la guía del Espíritu Santo. De modo que, ante cierta guía, podrían surgir muchos pensamientos de ataque o de duda. Por lo tanto, en lugar de preguntar si se trata del Espíritu Santo o del ego, un paso importante es preguntarte de qué tienes miedo cuando quieres tener guía en una situación específica. Puedes decidir ser muy honesto contigo mismo y examinar qué tienes miedo de perder. Cuando lo que temes perder no está oculto, tu mente está abierta a todas las posibilidades y a todas las opciones. Estarás en un espacio en el que puedes decir al Espíritu Santo: "Simplemente muéstrame si es Tu voluntad". A continuación, puedes sentir la alegría y la paz que surgen al sentir Su guía. Serás capaz de ver muchos signos y símbolos. Los símbolos y las metáforas de armonía y unión alinean la mente con el Espíritu Santo.

Cuando abres tu mente a la guía, puedes ver que esta siempre ofrece una opción muy evidente y fácil. La cuestión de si viene del ego o del Espíritu Santo se vuelve innecesaria una vez que has afrontado tus temores específicos. La verdadera guía siempre viene del Espíritu, y el ego solo ofrece miedos y dudas que tienes que sanar y aclarar, pero nunca verdadera guía.

Fundirse en un flujo glorioso

La experiencia de escuchar la verdadera guía es como mantenerse en un estado de oración constante. De repente, sientes lo natural que es, y entiendes que no necesitas tomar decisiones por tu cuenta. Dejas que el Espíritu Santo decida por ti. ¡Encárgate Tú, Espíritu! Tú sabes el camino. Tú sabes salir del sueño de separación. Cuando te rindes al Espíritu de esta manera, se produce un cambio. Vienes desde un sentido del yo autónomo y separado en un mundo aparte, y te fundes en un glorioso flujo que siempre ha sido tu estado natural. Es absolutamente delicioso empezar el día con una mente abierta que no tiene una lista de cosas por hacer y no está fijada en los resultados, puesto que está completamente abierta a dejar que el día sea un lienzo en blanco para ser pintado con una profusión de colores preciosos. ¡Qué libre y maravilloso! "¿Qué va a ocurrir hoy? Oh, una pincelada de verde, algo de rojo, un poco de amarillo". Puedes sentarte y contemplar el cuadro a medida que va surgiendo delante de ti y estar realmente en su gloria, sin intentar controlarlo, sin intentar ser el artista. Simplemente sé el Ser testigo, el observador. Es delicioso[32].

Seguir la guía es un camino que conduce a esta experiencia definitiva. Vienes sin preconcepciones, sin ideas con respecto al resultado, pero con ganas de que se te muestre; vienes a recibir eso que se da, y a confiar en que todo es para tu despertar. Eso es lo que te llevará más y más alto a esta experiencia última.

La espiritualidad deber ser práctica. Por eso se resume en abrirse día tras día a la guía, a dejar que el Espíritu Santo vaya por delante de ti y guíe las decisiones de tu vida. Estás tomando decisiones para desenredarte del sistema de pensamiento del ego. La única manera de hacerlo verdaderamente es, a medida que avanzas, decidir con Dios, con el Espíritu. Es hermoso y muy, muy práctico. Casi puede llegar a ser como la canción de tu corazón: "Hoy no tomaré decisiones por mí mismo. Quiero ser guiado. Estoy dispuesto a ser guiado"[33]. A medida que entras en la alegría de la unión, se hace evidente

---

32. Elijo permitírselo, al dejar que el Espíritu Santo decida a favor de Dios por mí. UCDM, T-5.VII.6:11.
33. Hoy no tomaré ninguna decisión por mi cuenta. UCDM, T-30.I.2:2.

que este es verdaderamente el camino, porque en él hay ligereza y felicidad.

Podemos entrar en la experiencia de esta delicada presencia y guía con otras personas. Si dos individuos están profundamente sintonizados uno con otro y con el Espíritu Santo, pueden oír la misma guía al mismo tiempo. Esta es una experiencia gloriosa. Es como ser uno con otro ser. Esta es una experiencia fuera del tiempo, un instante santo en el que no ves diferencia entre tú y el otro. En ese momento, no hay cuerpos ni personas. En ese momento, verdaderamente sois una mente. Cuando tienes sincronicidades así, puedes experimentar una gran armonía. Os miráis mutuamente a los ojos y decís: "¿Estás oyendo lo mismo que yo?" "Mmm…" Ni siquiera tienes que acabar la frase porque ambos estáis sintiendo intuitivamente un sí.

EJERCICIO: Abrirse a la guía del Espíritu

Para escuchar una versión grabada de este ejercicio, ve a http://www.newharbinger.com/41870.

Antes de empezar este ejercicio, toma unas cuantas respiraciones y relaja la mente. Cierra los ojos y tómate todo el tiempo que necesites para sentirte presente y mantenerte enfocado. A medida que realices este ejercicio, te animo a que permitas que cualquier reacción o emoción surjan libremente. No te restrinjas ni te censures.

Piensa en un área de tu vida donde sientas que ahora mismo necesitas cierta dirección, ya sea grande o pequeña. Cierra los ojos y relájate en un espacio donde te encuentres atento, claro y calmado. Trae esa área a la mente y mantenla en tu conciencia mientras te preparas para ofrecérsela al Espíritu Santo. Permite que surja en tu mente cualquier imagen que represente para ti la esencia de este problema. Tómate tu tiempo. Ahora, imagina una gran bandeja redonda y dorada delante de ti, y contémplate poniendo el problema sobre la bandeja y ofreciéndoselo al Espíritu. Piensa en el Espíritu como en una luz vasta y cálida. A continuación, suelta el problema. No pienses en él. Procura no pensar en nada en absoluto. Has traído tu problema al Espíritu. ¡Ahora, relájate!

Imagina que en este momento te entregas completamente al Espíritu Santo. Mantente en este lugar de comunión con el Espíritu Santo mientras te sea de ayuda. Simplemente estate en el momento, sin expectativas. Ahora, ejercita tu buena voluntad y tu actual capacidad de confiar. Si te descubres volviendo a preocuparte por la situación y volviendo a tenerla en tu mente, eso está bien. Relájate y perdónate, y vuelve a empezar poniendo el problema en la bandeja y ofreciéndoselo al Espíritu. ¡Y a continuación, suéltalo! Tómate tu tiempo. Has de saber que tanto si ahora recibes una respuesta específica como si no, puedes sentirte en calma y estar seguro porque has entregado el problema al Espíritu. Él te guiará. Abandona cualquier deseo de que se produzca un resultado particular pero mantente alerta, ¡y espera milagros!

Una oración para recibir guía

Te abro mi corazón, Espíritu Santo.
Estoy dispuesto a pedirte que me guíes en cada paso y a seguirTe,
porque sé que este es mi camino a Casa.
Ayúdame a permanecer en un estado constante de paz,
a soltar todas mis resistencias, mis temores y
los deseos conflictivos que me impiden
conocer Tu paz y guía.
Amén.

Al salir de esta meditación y oración, procura mantener la sensación de calma y conexión, sabiendo que estás en manos de la guía divina. Permítete estar abierto a lo que hayas de hacer a continuación. Mantente alerta a sentir u oír una respuesta interna o una dirección que tomar. La respuesta puede venir en forma de símbolos o signos externos, a través de lo que alguien diga, o simplemente como una sensación interna. Si es aplicable, puede haber un sí o un no. Observa cualquier tendencia a usar el intelecto del ego. Permite, en cambio, que tu intuición (Espíritu Santo) te guíe. Cualquiera que sea la guía, confía en que, si la sigues, te hará feliz. Porque la voluntad de Dios para ti es felicidad.

Dulce humildad

La respuesta a la pregunta interna "¿cómo te sientes?", junto con el compromiso de seguir la voz del Espíritu Santo, te permitirá discernir entre estos dos sistemas de pensamiento opuestos. Cuanto más sanes y estés presente, más capaz serás de identificar que la dirección del ego siempre se basa en el miedo, mientras que la dirección del Espíritu Santo siempre viene acompañada de paz, como una oleada de amor que lo abraza todo.

Ahora es posible que empieces a darte cuenta de que si abres el corazón a esta experiencia última, lo que realmente quieres y necesitas es verdadera humildad, la humildad de empezar a ver que "yo no sé". Si crees que ya sabes, nunca pedirás guía. Por eso, estar en el estado mental del yo-no-sé es tan poderoso a la hora de aprender y seguir la voz interna de Dios. Permitirte no saber es relajante, y aquí es donde puedes empezar a practicar la confianza, algo que exploraremos y en lo que entraremos profundamente en el capítulo siguiente.

Cuando avanzas hacia una vida de guía, eres como un niño que fácilmente deja a un lado sus juguetes para cumplir un propósito mucho más incluyente y satisfactorio. Seguir la guía conduce a la paz. Conduce a todo lo que es mejor para la totalidad del universo. En cualquier decisión que fluya con facilidad, puedes confiar en que el Espíritu Santo está guiándote. Estás destinado a tener una vida fácil. Es el ego el que quiere plantearte retos y hacer las cosas complicadas y difíciles. La facilidad y la simplicidad del Espíritu siempre están disponibles, y tú puedes sentirlas cuando estás en un estado de humildad y estás dispuesto a seguirLe. Con la práctica, confiar y seguir la guía interna se vuelve muy natural.

CAPÍTULO 7

CONFIANZA

Cuando iniciamos nuestro camino espiritual, la principal característica que tenemos que cultivar es la confianza. Las demás características seguirán, como la honestidad, la delicadeza y la alegría. Todas ellas descansan sobre la confianza. Por eso es muy importante confiar en el Espíritu Santo.

A una amiga mía de Nashville, Tennessee, cantante y autora de canciones, habían dejado de contratarla para cantar. Las puertas se le estaban cerrando. Compartí con ella que a veces sentimos la tentación de preguntarnos a nosotros mismos o al Espíritu Santo: "¿Cómo puedo conservar mi trabajo?", aunque esto es suponer que debemos conservar ese trabajo. ¿Estamos abiertos a ampliar nuestra visión? Tal vez haya otras oraciones u otras preguntas que podríamos plantear, como: "¿Es este el trabajo que debería conservar? ¿Es este el trabajo que Tú quieres para mí, Espíritu Santo? ¿Que yo trabaje en esto es lo mejor para todo el universo, o tienes alguna otra cosa para mí?" Esta mujer descubrió que el Espíritu Santo tenía toda una nueva vida que ofrecerle, una vida que le pondría verdaderamente en contacto con la llamada de su corazón, y por eso ya no le salían nuevos conciertos. Ella estaba preparada para confiar en su siguiente gran paso en la vida.

El Plan Mayor del Espíritu Santo

Parece que cuando se trata de trabajos, carreras profesionales, relaciones y casas, damos mucha importancia a estas decisiones. Es como si quisiéramos gestionarlas por nosotros mismos. Decimos al Espíritu Santo: "Tú simplemente ayúdame a ser pacífico y yo ya gestionaré el resto de cosas. Yo gestionaré a los niños, el trabajo, la casa y a las personas". Es como si estuviéramos diciendo: "Tú dame paz y yo dirigiré mi vida". No nos damos cuenta de que estos objetivos no van juntos. Cuando tratamos de dirigir algunos aspectos de nuestra vida, estamos poniendo nuestra personalidad en primer lugar y al Espíritu Santo en segundo.

Todo está cambiando constantemente en este mundo. En algunos de los cambios pensamos: "Uhmmm, esto me gusta". Y otras veces pensamos: "Esto es un reto", o "Podría ser muy, muy peligroso o arriesgado". Cuando estudiamos u observamos nuestra mente, nos damos cuenta de que la sensación de reto debe venir de algún tipo de interpretación o significado que damos a las situaciones. Si estoy en una situación en la que podría perder el trabajo, empiezo a prestar mucha atención a mis pensamientos y sentimientos, y me doy cuenta de que tengo miedo de ese posible resultado. Esto se debe a que he dado a ese trabajo cierto significado e importancia. La pregunta se convierte en: ¿Puedo cambiar mi percepción y sentir la confianza que conduce a la experiencia de estar literalmente sustentado por el amor de Dios?[34].

Llegó un punto en mi camino en el que me di cuenta de que tenía que confiar en que todas mis necesidades serían satisfechas. Ahí es cuando tomé la decisión de confiar en que sería cuidado. Y, mirando atrás, veo que desde entonces mis necesidades nunca han quedado insatisfechas. Ha sido un viaje pacífico de confiar y abrirme a la conciencia, y me ha inspirado a escribir este poema.

Sé amable contigo mismo en este viaje interno.

---

34. La cuestión se convierte en: ¿Puedo cambiar mi percepción y llegar a la confianza que lleva a la experiencia de estar sustentado literalmente por el amor de Dios? UCDM, L-pl.50.

Acepta los símbolos que vengan a ti con alegría y aprecio.

Deja que el Espíritu Santo use esos símbolos para recordarte la belleza interna que está mucho más allá de las apariencias.

Deja que los colores, las vistas, los olores y los sonidos limpien tu mente y te recuerden la vastedad y la gloria de ser.

Descubre la belleza del propósito del Espíritu Santo.

Me rendí a la confianza y hallé alegría

Para mí, la apertura a la confianza comenzó con la lectura. Leí de todo, desde Maslow hasta la madre Teresa. Como la mayoría de la gente, estaba buscando un sentido de propósito y significado, e incluso una manera de llegar a entender la condición humana. Buscaba en la filosofía, en la psicología y en la religión. Sentía que debía haber algo más allá de lo que el mundo y la sociedad me presentaban. Pero no tenía ni idea de cómo alcanzarlo. Exploré e investigué. El psicólogo Abraham Maslow creó la teoría de la jerarquía de necesidades, que es muy útil y nos dice que primero tenemos que satisfacer nuestras necesidades básicas de supervivencia, antes de pasar a otras necesidades de orden superior. La madre Teresa demostró lo mismo. Si alguien está enfermo, hambriento o convaleciente de algún modo, en primer lugar se han de satisfacer sus necesidades más básicas. No intentarías predicar el evangelio de Jesucristo a un niño muerto de hambre. Primero sacarías al niño de la calle, lo acogerías, y después lo alimentarías y vestirías.

Y así, en mi desarrollo de la confianza, leer libros sobre estos valores fue una gran ayuda. Sentía cosquillas en el corazón, regocijo y alegría cuando me topaba con ideas que realmente resonaban y que podía reconocer que venían de Dios. Aunque leer estos libros fue una manera segura de desarrollar la confianza, empezar a seguir la guía del Espíritu Santo en las tareas y movimientos diarios produjo en mí momentos de temor. Surgieron el miedo y la duda porque preguntar dónde ir, con quién hablar o a quién llamar iban muy en contra de la manera en que había vivido mi vida. Sin embargo, pude ir más allá del miedo y de la duda, y empecé a seguir la guía que escuchaba. El resultado fue asombroso. Sentía estallidos de alegría después de colgar el teléfono y después de visitar a alguien en el hospital o de hacerle una visita en su casa. Simplemente me llenaba de alegría porque escuchaba al Espíritu y lo seguía incluso cuando mi ego tenía miedo y me decía que no lo hiciera. La voz del ego en mi mente decía cosas como: "Vas a perder tu autonomía. Vas a perder tu individualidad si continúas siguiendo esa voz". Pero yo continué. ¡Me gustaba el sentimiento de alegría! Quería más de él. Empecé a perderme en esa alegría y empecé a descubrir mi verdadero Ser. Descubrí que podía confiar en los pequeños prontos procedentes del Espíritu en todo lo que hacía. Y cuanto más confiaba, más clara se volvía la guía, y más alegre me sentía.

De la supervivencia a la Divina Providencia

Una mañana me desperté con la canción de los Bee Gees *Stayin' Alive* en la mente. Junto con ella tuve la incómoda sensación de que todo el mundo solo está tratando de sobrevivir en este mundo, de seguir con vida. Piensa en cuánta energía dedica la gente a esto. Todo tiene que ver con la supervivencia, la seguridad y planificar para el futuro. Se realizan tantos esfuerzos para mantener el cuerpo con vida. Tenemos que cambiar nuestra conciencia: dejar de dedicar tantos esfuerzos y energía a mantener el cuerpo y poner el mismo esfuerzo y energía en perdonar nuestros pensamientos, sentimientos y creencias ilusorios, y recordar el Espíritu, nuestra realidad espiritual natural.

Necesitamos confianza para pasar de mantenernos con vida sin ir a ninguna parte a estar vivos, a la alegría, felicidad y vitalidad de nuestro ser Crístico, de nuestro verdadero Ser. A medida que ahondamos en la confianza, vemos que se nos provee de todo lo que necesitamos sin esfuerzo por nuestra parte; ni siquiera tenemos que pensar en ello. Esto es nuevo, y es grande. Puedes tratarlo como un experimento, pero no como un test en el que tú, por ejemplo, viajas a una ciudad lejana sin dinero para ver si se te provee. Es más que eso. Se trata de decir: "A partir de ahora, aquí mismo, en este momento, ¿qué pasa si decido que si soy auténtico, si estoy siendo transparente, y si me estoy abriendo a la sanación y a la felicidad se me proveerá de todo lo que necesite para sanar y ser feliz?" Esta es la promesa de unidad, de amor, de que todo lo que necesitas para experimentar la felicidad te será dado.

Confianza en lo divino

Lo que nos complica la vida y nos impide confiar son las ambiciones de querer "más" o de querer algo diferente. Cuando nos alejamos de la simplicidad de este momento, las cosas se complican mucho. Cualquier deseo puede empezar a torturarnos si empezamos a darle vueltas en nuestra mente, porque estamos confundidos creyendo que esos deseos nos aportan algo de valor. La clave está en empezar a relajarse y confiar. Y no estoy hablando de confiar en el sistema monetario, de confiar en los gobiernos, ni siquiera de confiar en el ser humano. Estoy hablando de confiar en lo divino, de confiar en que el Espíritu Santo nos ofrecerá todo lo que necesitemos para hallar la felicidad.

Así es como Jenny llegó a entender la importancia de practicar la confianza.

Solía tener mucho miedo de la vida en este mundo. Pensaba que había amenazas a la vuelta de cada esquina y en cada giro de los acontecimientos, amenazas de acabar sola y aislada. No me sentía en mi hogar en este mundo y el futuro era el gran desconocido. Incluso las cosas simples parecían complicadas, por lo que averiguar qué iba a hacer con mi vida me resultaba imposible. ¿Qué quería ser y en qué me quería convertir? No lo sabía, y no quería inventármelo ni descifrarlo. Quería saber que había un propósito para mi vida; me sentía extremadamente incómoda con el simple "ir tirando" en algún trabajo. Quería tener un propósito y no vivir al azar. Sentía que tenía que encontrar otra cosa, algo distinto del camino convencional, algo en lo que poder confiar y que realmente sustentara mi mente, mi corazón y mi ser. Parecía que no iba a ser nada de lo que este mundo podía ofrecer. Necesitaba ser guiada por el Espíritu Santo.

Se me ocurrió que esta era la manera de aprender a confiar en la vida: estando conectada con Dios o el Espíritu Santo. Sentí que no merecía la pena hacer nada sin experimentar esa conexión. Fue como si de repente me diera cuenta de que Dios lo tiene que hacer todo a través de mí para que yo sepa quién soy y cuál es el propósito de mi vida. Fue sobrecogedor, pero, desde ese momento, ha sido todo un viaje; ha habido muchas lágrimas, dudas y vacilaciones porque, ¿cómo aprendes a abrirte a sentir siempre la presencia de Dios en todo lo que haces? Bien, yo no vi otra opción que intentarlo, que practicar la confianza.

Atreverse a confiar pavimenta el camino de los milagros

La fe y la confianza, que son conceptos sinónimos, no son cuantificables. O bien confiamos o bien no lo hacemos. O bien tenemos fe o no la tenemos. No podemos decir que tenemos un poco de confianza o mucha confianza. Para aceptar el cambio de experimentar nuestra vida cotidiana a experimentar la gloria del momento presente, tenemos que fortalecer nuestra confianza en lo Divino. Esta confianza de la que estamos hablando implica soltar nuestra atracción hacia una perspectiva personal y crear gradualmente el espacio para abrazar una perspectiva totalmente unificada. Para confiar y vivir una vida verdaderamente dedicada, necesitamos un proceso paso a paso, como los niños cuando crecen. Hace falta mucha confianza para que los niños aprendan. Deben confiar en sus cuidadores. Este tipo de confianza es clave para todo el camino espiritual.

La confianza depende de la mano que esté guiándonos. Por eso trabajamos para discernir entre nuestro verdadero Ser y el yo impostor, el ego. En la medida en que damos fe y confianza al impostor, en esa misma medida desconocemos nuestra verdadera identidad. Aprendemos a discernir entre el impostor y nuestro verdadero Ser tomando conciencia de cómo nos sentimos. En cualquier momento podemos preguntarnos: "¿cómo me siento?", y la respuesta nos permitirá discernir de dónde viene la guía. Nuestra capacidad de discernir se va fortaleciendo a medida que practicamos esto más y más; y a medida que nuestra confianza en lo divino aumenta, el miedo se disuelve.

Cuanto más confiado eres, más relajado estás. Entonces, cuando notas que surgen una reacción o una emoción, puedes ver que es algo bueno porque te ayuda a ver dónde el ego todavía conserva una defensa en tu mente. Estás aquí para dar la bienvenida a lo inconsciente a fin de poder liberarlo. No estás aquí para intentar hacer una actuación teatral. Ni siquiera estás aquí para hacer las cosas bien, porque intentar hacer las cosas bien en la forma era parte del juego para tapar tu falta de autoestima.

Desarrollar la confianza en el Espíritu Santo puede resultar desafiante, desconcertante e incómodo. Si algunas personas supieran esto antes de tiempo, podrían sentir miedo y buscar algo que les parezca un poco más suave. Mucha gente diría: "Apaga eso", o "Cambiemos a otro programa. Probemos con el ballet o algo más delicado". Pero cuando vas más profundo, las recompensas en cuanto a lo que experimentas son inmensas.

El plan del Espíritu Santo es ayudar a soltar la mente de lo que cree necesitar sin tener una sensación de sacrificio. Como el ego interpreta el seguir al Espíritu Santo a través de la lente de la pérdida, raras veces se experimenta como algo amable, pero es bueno saber que lo que está a nuestro alcance es precisamente la amabilidad y la ausencia de sacrificio.

La creencia en el sacrificio puede presentarse de muchas maneras. Como este es un mundo de aparentes elecciones, parece que elegir una cosa significa que nos perdemos otras. Así, la posibilidad de "perderse algo" hace que nos sintamos como si siempre fuéramos carentes en un sentido u otro. Desarrollar un estado de confianza requiere soltar la importancia de intentar elegir la forma adecuada, y ver que la elección adecuada es aquella que nos lleva a un estado mental feliz. El resultado en la forma no es tan importante; nuestra felicidad reside en sentir la importancia de nuestro propósito.

Seguir la inspiración y dejarse guiar en todas las decisiones diarias generará confianza y pavimentará el camino hacia un estado mental milagroso. Porque, cuando vayas más profundo, verás que no has perdido nada. No hay sacrificio involucrado, y las recompensas en términos de paz mental son inconmensurables. Cuando desarrollas la capacidad de aceptar las cosas tal como vienen a tu vida, las puertas de la felicidad parecen abrirse ante ti, una tras otra.

Los factores estresantes revelan nuestro nivel de confianza

Hay retos en la vida que nos ayudan a ver dónde estamos con respecto a la confianza. Cuando afrontamos sucesos como la muerte de un ser querido, la muerte de una mascota, una ruptura, una catástrofe natural u otros factores estresantes, podemos usarlos como barómetros de cuánto confiamos.

¿Cómo reaccionamos? ¿Nos lleva este suceso hacia la fe, la confianza y una oración más profunda? ¿Nos fortalecemos con estas pruebas y tribulaciones, o nos doblamos y nos sentimos aplastados? ¿Nos da la sensación de que no hay esperanza? Estas experiencias pueden convertirse en oportunidades. Podemos permitirles que se conviertan en un acicate para ahondar en una actitud que nos lleve a confiar mucho más en el Espíritu Santo que en las circunstancias.

Este es un camino muy directo; en realidad, es un camino experiencial. Necesitamos experiencias que nos muestren que estamos en el camino correcto y que podemos seguir confiando. Si hemos dado pasos y no hemos sentido ninguna ligereza, alegría o estallidos de regocijo y felicidad, entonces podríamos llegar a sospechar: "De acuerdo, he dado este paso, y...". Tiene que ser un viaje experiencial. Necesitamos experiencias que reemplacen los condicionamientos del pasado. Necesitamos algunas experiencias brillantes que nos guíen hacia delante, como al niño que está aprendiendo a andar: "Bien, bien, bien, venga, ahora da otro paso. Sigue viniendo, ¡sigue viniendo!"

Hubo un momento en que Jesús me dijo que había terminado mi último empleo en el que trabajaba por un salario y con sentido de reciprocidad[35]. Él dijo: "Ahora vas a ser usado de maneras que ni siquiera puedes imaginar. Ahora eres mío y voy a usarte". Así ha sido mi vida desde 1990. Durante los primeros cinco años viajé por Estados Unidos y Canadá sin tener casa, apartamento y ni siquiera una tienda. Veía salir el sol, y cuando llegaba la noche y no tenía lugar donde dormir, simplemente esperaba para ver qué se me ofrecía. No había

---

35. Llegó un momento en que Jesús me dijo: "De acuerdo, este es el último trabajo que tendrás por una paga y en reciprocidad." "Reciprocidad" es la práctica de intercambiar cosas con los demás para beneficio mutuo. Ocurre cuando la contribución de cada parte satisface la expectativa de la otra parte. La reciprocidad parte de la idea de carencia; de que solo hay cierta cantidad de dinero, de tiempo y de otros medios para repartir. La creencia de que es posible el riesgo de perder está detrás de la reciprocidad. Pero el amor ilimitado de Dios es gratuito y es lo que verdaderamente nos sustenta.

hoteles ni moteles. Yo tenía la actitud de: "¿Qué se ofrece?" Fui llevado a muchos hogares y tuve muchos encuentros santos. Fue como un periodo milagroso de cinco años en el que "el hijo del hombre no tenía un lugar donde reposar la cabeza"[36]. El Espíritu Santo me dijo que me acostumbrara a ello y que, a través de la confianza, sentiría que Él cuidaría de mí; que Él me conduciría y guiaría en todo lo que hiciera.

Los primeros meses de esos cinco años fueron los más difíciles porque tenía mucho orgullo, muchos aprendizajes y condicionamientos del pasado, y pensaba mucho en cómo podría cuidar mejor de mí mismo. Debido a esto, me di cuenta de que simplemente tenía que estar dispuesto a soltar las manos del volante. Cuando trataba de volver a cogerlo, Jesús me recordaba: "Confía en Mí". Y, poco a poco, empecé a confiar en el Espíritu y en Jesús. A veces, mientras viajaba, iba a grupos de *Un curso de milagros* sin saber dónde dormiría la noche siguiente, y entonces tres personas distintas del grupo decían: "Quédate en mi casa". Entonces, ya no se trataba de tener un sitio para dormir, sino de ver con qué amigo tenía que estar. Era como si el Espíritu Santo quisiera enseñarme otro ángulo, y que iba a ser cuidado. Yo solo tenía que prestar atención y Él dirigiría el plan momento a momento.

Estas experiencias me llevaron a acumular mucha confianza y también a ver que era cuidado perfectamente dondequiera que fuese. Pude comprobar que no tenía necesidad de usar los aprendizajes de mi vida anterior y de diez años en la universidad a tiempo completo. Más bien, tenía que desaprender. Jesús dijo: "Hay algunas grandes piedras que tenemos que quitarte de los hombros para que puedas ser verdaderamente útil". No podía continuar aferrándome a la arrogancia de pensar que yo podía guiar mi propio camino en este mundo y de creer que sabía lo suficiente para navegar el tiempo y el espacio.

---

36. El hijo del hombre no tiene donde apoyar la cabeza, *Santa Biblia*, Nueva versión del Rey Jacobo, Lucas 9:58.

Abandonarse a la confianza y dejar que el Espíritu Santo dirija el camino invierte la mentalidad del ego, que dice que, si queremos hacer algo, tenemos que disponer de los medios. Dios conoce la oración de nuestro corazón antes incluso de que digamos una palabra. Se nos invita a un lugar de silencio en lo profundo de la mente para encontrar una experiencia de propósito e intención. El propósito y la intención guardan relación con la conexión interna con el Espíritu Santo. Es una experiencia de fuerza y claridad que muestra el camino.

Tener confianza es estar dispuesto a sumergirse en la presencia e "ir a por ello" auténticamente. Llegas a un estado de no planear nada y de seguir momento a momento la fuerte brújula interna que es el Espíritu Santo. Es posible que no sepas adónde te lleva esto, pero hay una cosa cierta: ¡Será milagroso!

Estoy seguro de que, de niños, no expresamos a papá y a mamá que no teníamos ninguna preocupación y que no planeábamos las cosas. No queríamos las consecuencias, las reacciones.

—¿Qué vas a hacer con tu día?

—¡Nada!

O todavía mejor:

— Ya veré cómo el día se va desplegando.

—¿Qué pasa con tus deberes?

—Ya veré cómo se van desplegando.

Cuando éramos niños teníamos estos pensamientos, aunque simplemente no los expresábamos. Pero ahora es como un nuevo día, un nuevo comienzo, un nuevo corazón, un día feliz y lleno de alegría. ¿No es genial? Este es nuestro tema: la voluntad de Dios para nosotros es perfecta felicidad, y nosotros somos niños abriéndonos a esa experiencia. La oración de nuestro corazón es: "¡Muéstrame, muéstrame!" Así es como confiamos y aprendemos a depender de Dios. "A menos que seáis como niños pequeños"[37] significa que a menos que

---

37. "Excepto que os volváis como niños pequeños", UCDM, T-1.V.3:4.

reconozcas tu completa dependencia de Dios, no puedes conocer el verdadero poder de tu relación con Él.

Siempre me ha encantado la curiosidad de los niños porque es un reflejo de la apertura. Si eres curioso, no piensas que
ya sabes. Esto es muy importante. La curiosidad es una de
esas cosas que puedes cultivar, simplemente tener curiosidad
y abrirte a que se te muestre. Es parecido a cuando estás en
una caminata a ciegas: extiendes las manos y confías en que
tu guía te dirija y te muestre. He hecho una serie de estas ca-
minatas a ciegas a lo largo de los años y son fantásticas porque
realmente tienes que soltar lo que crees conocer con los sentidos. Tienes los ojos tapados, extiendes la mano por delante
y tu guía está contigo a cada paso. Se trata de una confianza
intuitiva, momento a momento, que nos lleva a un lugar de
profunda paz y alegría.

Este viaje con el Espíritu Santo requiere confianza y amabilidad. Dándote una palmada en la espalda y sintiéndote
agradecido por cada pequeña buena voluntad que puedas
acumular crecerás de manera natural en confianza, y te abrirás
a los milagros. Cuando empiezas a vivir en el milagro, tus preocupaciones y luchas desaparecen para no volver.

EJERCICIO: Salto de confianza

Ahora tómate algo de tiempo para mirar dentro. Invita al Espíritu
Santo a unirse a ti en preparación para esta tarea.

Recordarte los milagros que has experimentado y después compar-
tirlos es una manera muy útil de reforzar la verdad en tu mente y de
acumular confianza. Permite que surja en tu mente un momento en
el que fuiste guiado a dar un "salto de confianza". Podría ser cuando
te sentiste impulsado a conectar con alguien o tuviste el sentimiento
de que era el momento de cambiar de trabajo. Anota en tu diario las
respuestas a estas preguntas:

1. Describe la situación en la que te sentiste llamado a tomar una
    decisión o emprender una acción.

2. ¿Recuerdas lo que temiste que podrías perder si dabas ese salto? Describe los pensamientos y sentimientos de vacilación.
3. ¿Qué te obligó a dar el salto de fe, aunque no pudieras estar seguro del resultado?
4. ¿Cuál fue tu experiencia después de eso? ¿Cómo os beneficiasteis tú y las demás personas involucradas en la situación de tu disposición a confiar?
5. ¿Hay algún otro paso en tu horizonte que temas dar? Explora todos tus pensamientos y sentimientos en tu diario para que puedan disiparse.

En oración y confianza, has de saber que la paz y el amor son tus resultados deseados. ¡Permite que esta noción apoye tu intención de avanzar con claridad!

Oración: Espíritu, aquí estoy

Una oración muy breve que puede abrirte a confiar es: "Espíritu, aquí estoy". Di esta oración y espera en silencio y con la mente abierta. Mantente abierto y relajado. Observa lo que viene. Emplea esta oración para conectar con la profunda experiencia aquietada del Espíritu Santo en tu mente. Enfócate en encontrar el aquietado centro interno donde la luz de tu mente puede recibir la bienvenida y ser revelada. Suelta la sensación de que necesitas hacer algo. Simplemente sé y sé testigo de este momento. Cuando eres capaz de encontrar el lugar de quietud alerta en tu mente, date cuenta de que confiar es completamente natural. *Espíritu, aquí estoy.*

Cuando estés preparado, coge tu diario y un bolígrafo y toma algunas notas sobre cómo ha sido para ti esta práctica de oración. A continuación, si te sientes inspirado, escribe un poema sobre tu actual experiencia de confianza en el Espíritu Santo. O tal vez surja una oración a partir del deseo de tu corazón para fortalecer tu nivel de confianza.

¡Aquiétate y conoce que la confianza apacigua cada problema ahora!

CONFIANZA

Confiar en lo que se da

Cuando practicamos la confianza, vemos las cosas que nos llegan como verdaderos regalos, más que como amenazas o problemas. Todos tenemos milagros esperándonos en el presente. Los milagros quieren expresarse de manera muy hermosa, pero tenemos que permitirlos. Si nos quedamos congelados en un "debería" o en un "podría", permanecemos encerrados en las dudas y en las comparaciones del ego, y no nos abrimos a la confianza.

Sin duda puede haber periodos de desorientación. Estos se producen porque estamos aflojando la sujeción del ego con respecto a nuestra manera de vivir y a sus leyes de escasez, carencia, defensas y reciprocidad. Vas a tener muchas reacciones y reflejos causados por el miedo a la luz. Pero las buenas noticias son que saldrás de estos periodos de desorientación elevándote al estado mental más glorioso que podrías desear.

Al principio, los milagros pueden parecer un poco extraños porque no estás acostumbrado a ellos. No estás acostumbrado a llegar a tiempo a una reunión a la que parecía imposible hacerlo. No estás acostumbrado a que el Espíritu Santo ordene el tiempo y el espacio para ti, y a que la vida sea un flujo maravilloso. El ego puede intentar descartar los milagros y empujar estas experiencias fuera de la conciencia, pero, cuanto más estás con ellas, más consistente es la experiencia de paz mental y alegría.

Yo fui guiado a cambiar de trabajo una serie de veces. No se me guió a dejar todos los trabajos porque tenía deudas, y dejar los trabajos no funciona bien cuando tienes deudas. De modo que fui guiado a trabajar para pagar mis deudas. Vi que estos trabajos se usaban para ayudarme a sanar ciertos aspectos de mi mente, y para hacerme más dependiente del Espíritu Santo. Pedí que se me mostrara qué trabajos debía aceptar. Una vez que estaba haciendo el trabajo, era igual de importante entender a qué había sido guiado, y por eso preguntaba al Espíritu Santo: "¿Cómo puedo ser más útil aquí?" Todo era muy práctico, y esta experiencia me mostró que solo necesito confiar en Él. No necesito nada más que esta confianza. Porque, en los trabajos y en las relaciones, no siempre podemos juzgar qué es más beneficioso para nuestra sanación.

A veces, personas que han perdido sus trabajos dicen que es lo mejor que podría haberles ocurrido. En ocasiones, incluso hay gente que dice que, cuando pierden a su esposo o a su esposa, eso es lo mejor que les ha pasado en la vida. Por tanto, cuando sientas miedo de un posible resultado, como perder un trabajo o cierta relación, es el momento de entrar dentro, soltar el miedo y abrirte a una profunda confianza que solo puede llevar a los milagros.

Vivir una vida de devoción no implica abandonar las responsabilidades. La práctica consiste en confiar en que, dentro del marco de tus responsabilidades, puedes ser guiado de maneras que te permitan deshacerte del miedo y de la necesidad de controlar. Si tus creencias son fuertes, tienes que contemplarlas y entregarlas completamente, porque de otro modo seguirán filtrándose en el fondo de tu conciencia, dirigiendo tus pensamientos y acciones. Y sí, la devoción a Dios acabará liberándote completamente de las responsabilidades y preocupaciones mundanas. Quieres vivir la vida con tanta devoción como para permitir que se disipen las preocupaciones de este mundo. Si tienes confianza, a medida que las cosas fluyan tendrás flexibilidad en tus responsabilidades diarias y en tus horarios. Esto se debe a que tu percepción ha cambiado y te has abierto a ver las cosas desde la perspectiva del Espíritu Santo, desde una profunda aceptación y paz. Dejas que todo empiece a ser usado para este objetivo, para esta experiencia de confianza.

Una vez que estableces este vínculo con tu maestro interno, tu camino queda fijado. Ves tu camino con claridad. Al confiar, sientes que el Espíritu Santo va por delante de ti, dirigiendo, guiando y dándote todo lo que tienes que decir y hacer, cada persona con la que te tienes que encontrar, y cada lugar al que tienes que ir. Experimentas que vas por la vida como si hubiera un plan muy específico que ya está hecho y tú no tienes que descifrarlo. No tienes que sopesar los pros y los contras ni intentar anticipar el futuro, y tampoco hay necesidad de tenerle miedo. Avanzas en la dirección de abandonar la necesidad de controlar las cosas personalmente porque vas hacia la experiencia de dejar que el Espíritu Santo planee y organice todo por ti, aliviándote de la creencia de que tienes que planear tú mismo. Te sientes aliviado de esta pesada carga del control, de planear y de gestionar tu vida. Cada segundo que pases confiando te ofrecerá enormes recompensas: satisfacción y paz.

Aceptarlo todo con el Espíritu Santo en tu mente permite que todo sea usado para la paz y la sanación. Te darás cuenta de que no eres capaz de juzgar qué actividades y relaciones son más útiles para abrirte al presente. Ya no deseas jugar al juego de seleccionar y elegir. Cuando confías y aceptas que la totalidad de tu vida te está siendo dada por el Espíritu Santo, ¡entras en tal flujo y receptividad que lo consideras todo como un apoyo perfecto que se está dando solo para ti!

CAPÍTULO 8

ACEPTACIÓN

Cuando confías y estás dispuesto de corazón a ser sanado, te abres a aceptar cualquier cosa que se presente en tu camino. Pero, ¿tienes que aceptarlo todo tal como es en este mundo? Después de todo, este mundo nació, de manera muy literal, por la negativa a aceptar las cosas como son, la perfección del Cielo. Aquí parece haber tantos problemas. La humanidad parece quejarse mucho. Por ejemplo, es muy común quejarse del entorno. Parece normal y razonable quejarse de que hay mucho ruido, de la contaminación, del tiempo caluroso o muy frío, o del cielo gris. Por ello, también se considera valioso e importante ser un activista, tomar posición para salvar el medio ambiente, y así sucesivamente. Aparte de intentar cambiarlo todo y de ser un activista, ¿la única opción consiste en retirarse y aceptar las cosas tal como las percibimos, o hay una tercera opción? ¿Nos ofrece el Espíritu Santo otro camino?

La primera vez que estuve en Pekín, la persona que conducía me pidió perdón por la densa nube de contaminación. Dijo:

—Siento mucho que nuestros cielos sean tan grises.

Yo le dije:

—Oh, son preciosos. Me encantan vuestros cielos grises.

Cuando la gente se disculpa por algo, están deseando que ese algo fuera mejor, mientras que yo me uno a ello en la aceptación de lo que es. Yo me uní a los cielos grises. En realidad, me gustan los cielos grises, y cuando la gente me pregunta por la contaminación, me uno a la contaminación. Me uno a todas las cosas en mi mente porque en mi conciencia todo está unificado. Cuando lo incluyes todo en tu deseo de Dios o en tu deseo de paz, tienes la experiencia de que no hay nada fuera, no hay nada más, y, por lo tanto, no hay nada que juzgar. La contaminación es completamente neutral. Pero cuando tomas este concepto y lo juzgas, por ejemplo, diciendo: "Contaminado es lo opuesto de limpio", entonces proyectas esa creencia y encuentras pruebas de la validez de tu juicio. Tienes que haber juzgado algo para que surja el enfado, la irritación y la molestia. A continuación, ves las pruebas que confirman tu juicio. Por el simple hecho de decidir que no te gusta algo, eso aparece en tu pantalla mental.

Si tu aceptación se centra únicamente en los aspectos positivos del mundo, te sentirás feliz durante algún tiempo, pero a continuación se te partirá el corazón y el dolor volverá. Te mueves entre el dolor del corazón roto y la felicidad, y la vida es como un yo-yo emocional. Pero hay algo dentro de nosotros que sabe que tenemos derecho a más que eso: tenemos derecho a un estado mental presidido por una sensación de consistencia, de paz mental. Si vivimos en un estado de aceptación inspirado por el Espíritu, esto unificará nuestra percepción y estabilizará nuestras emociones.

Por lo tanto, nuestro camino es la aceptación consciente. La aceptación consciente es una práctica que conduce a la alegría de manera tan cierta como la negativa a aceptar las cosas como son conduce al dolor y a la desdicha. Para entender verdaderamente la aceptación consciente, debemos entender el problema del juicio. Toda percepción nace del juicio. Hemos juzgado metafísicamente contra Dios mediante nuestra creencia en la separación, y así nacieron la multiplicidad y las elecciones asociadas con la forma. Por eso, la percepción siempre es selectiva, y parece que somos capaces de aceptar lo que queremos y de rechazar lo que no queremos, generalmente basándonos en el mecanismo de placer-y-dolor, en lo que nos "gusta" o "disgusta" de manera personal y subjetiva. Pero, ¿sabemos realmente lo que queremos? ¿Podemos reconocer que en este estado —en el que creemos estar separados—, en realidad no sabemos lo que queremos? El fundamento de nuestro sistema de pensamiento viene de la oposición original a lo que es, y así la conciencia y la aceptación de Eso Que Es —Dios— se ha convertido en un concepto ajeno.

La aceptación, en el verdadero sentido espiritual, es ir dentro y renunciar a la proyección y al juicio al permitir que las condiciones externas sean tal como son. Ellas no son el verdadero problema. En este estado de conciencia, no tiene sentido quejarse de la contaminación ni del mal tiempo. Estar en un estado de confianza y aceptación no es una experiencia pasiva. Es, en gran medida, un estado de mantenerse activamente presente con lo que la vida nos ofrece. Al vivir la vida desde un estado de aceptación inspirado por el Espíritu, profundizas en tu propósito. Te das cuenta de que solo te sentirás satisfecho con una felicidad que sea imperecedera.

El sentimiento de aceptación procede de una mente receptiva, de una mente abierta. Es una característica clave para experimentar milagros dentro. El milagro es básicamente un cambio de percepción desde la oposición del ego a la verdadera vida, a percibir que todo ha sido dado para nuestro bien más alto.

Fundirse con todo a través de la aceptación consciente

Es maravilloso cuando nos damos cuenta de que podemos unirnos en la mente con cualquier cosa del universo: una vista, un sonido, un recuerdo, un objeto. La práctica consiste en volver a la mente, en volver a un punto más profundo de no saber cómo o qué juzgar, al lugar interno donde en realidad no sabemos qué es bueno o malo[38]. Esto te devuelve a la

---

38. La práctica consiste en volver a la mente, venir a un punto más profundo de no saber cómo o qué juzgar, al lugar interno donde en realidad no sabemos qué es bueno o malo. Véase el ejercicio "Pasar de las opiniones a la oración", en el capítulo 1.

Yo-soy-dad, que es anterior al juicio. En esa aceptación reside tu fuerza. Tu invulnerabilidad está en ese ser, en esa Yo-soy-dad.

Cuando no sabemos cómo salir del juicio, el camino hacia nuestra propia curación pasa por la aceptación consciente. La aceptación consciente es dar un paso atrás, sintonizar y permitirse ser guiado. No porque sea bueno o correcto, sino porque esa es la única manera que va a funcionar. En último término, llegarás a una resonancia con la guía interna y eso es lo que te liberará. Te devolverá a la verdadera libertad.

Es un hecho innegable que todo opera conjuntamente para nuestro bien. Ahora bien, no es así como la mayoría de nosotros experimentamos nuestra vida diaria, porque todos los objetivos del ego —objetivos que están relacionados con la forma, las apariencias, los resultados y las preferencias— no tienen nada que ver con la verdad o la realidad. No podemos percibir qué es lo que más nos conviene mientras vayamos persiguiendo objetivos y resultados de la forma, generados en un mundo de opuestos y conflictos.

Como se mencionó en el capítulo 1, *Un curso de milagros* dice: "No te das cuenta en ninguna de las situaciones que se presentan ante ti del desenlace que te haría feliz[39]". En ninguna de las situaciones. ¡Ninguna! Y aquí está: nunca hay ningún resultado específico que te haría feliz de manera consistente, nunca, porque ninguno de ellos existe. Se te pide que seas muy sincero, y que tengas esta toma de conciencia crucial de que tus objetivos generales en realidad no están alineados con lo que más te conviene[40]. Estás persiguiendo

---

39. No te das cuenta en ninguna de las situaciones que se presentan ante ti del desenlace que te haría feliz. UCDM, L-pl.24.1:1.

40. No percibo lo que más me conviene. No te das cuenta en ninguna de las situaciones que se presentan ante ti del desenlace que te haría feliz. No tienes, por lo tanto, una pauta por la que regir debidamente tus acciones, ni manera alguna de juzgar sus resultados. Lo que haces está determinado por tu percepción de la situación de que se trate, y esa percepción es errónea. UCDM, L-pl.24.1:1-3

objetivos relacionados con la supervivencia, la comodidad, la ganancia material, el amor interpersonal, y situaciones, personas, lugares y sucesos para satisfacer tus expectativas: "Seré feliz cuando el mundo tenga este aspecto, cuando mi vida personal sea de esta manera". Simplemente estás imponiendo tus propias limitaciones a lo Divino. Dios es mucho más grande, más vasto, más rico, más libre y más feliz de lo que puedes imaginar, de modo que, ¿no sería mejor aceptar todo lo que Él da, que solo puede venir siempre del amor divino?

EJERCICIO: no percibo lo que más me conviene

Ahora tómate algún tiempo para mirar dentro, respira y relájate, e invita al Espíritu Santo a unirse a ti en preparación para esta próxima tarea. Este ejercicio requiere mucha más honestidad de la que tal vez estés acostumbrado a mostrar. Abordaremos directamente tus objetivos basados en la forma y en el tiempo. Puede tratarse de objetivos a los que hayas atribuido mucho valor, aunque a la luz y bajo la perspectiva del Espíritu es probable que pierdan mucha de su anterior importancia. Es posible que hayas notado que tienes un montón de objetivos que son el resultado de ideas con respecto a cómo debería funcionar el mundo.

Elige un par de situaciones sin resolver o de conflictos presentes en tu vida. Anota en tu diario varios de los resultados deseados que crees que te ayudarían a resolver dichas situaciones. El énfasis debería estar en descubrir el resultado que esperas obtener. Por ejemplo, puedes emplear este formato: "En la situación que implica a _____, me gustaría que ocurriera _____ y _____". Tal vez descubras que algunos de los resultados que deseas están en conflicto. El propósito de anotarlos es únicamente para ayudarte a renunciar a la idea de que tu felicidad vendrá de obtener el resultado deseado. Cuando hayas buscado en tu mente durante varios minutos y ya no puedas encontrar más resultados deseados, haz una pausa y reflexiona sobre esta lección de *Un curso de milagros*:

No percibo lo que más me conviene.
No te das cuenta en ninguna de las situaciones que se presentan
ante ti del desenlace que te haría feliz. No tienes, por lo tanto, una
pauta por la que regir debidamente tus acciones, ni manera alguna
de juzgar sus resultados. Lo que haces está determinado por tu percep-
ción de la situación de que se trate, y esa percepción es errónea.

Ahora responde a las preguntas siguientes. Usa tu diario para anotar
las respuestas.

1. ¿Has encontrado objetivos personales o formas en conflicto en
    tu indagación?
2. ¿Eres capaz de reconocer que el énfasis en los resultados es una
    distracción del resultado de paz mental?
3. ¿Estás dispuesto a olvidar la idea de que crees saber lo que más
    te conviene para poder aprender qué es lo que más te conviene?

A medida que exploras tus diversos objetivos de esta manera, puedes reconocer que estás exigiendo muchas cosas a las situaciones
más diversas. También reconocerás que muchos de tus objetivos son
contradictorios, que no tienes un resultado unificado en la mente,
y que debes experimentar decepción con relación a algunos de tus
objetivos comoquiera que resulte la situación[41].

Ahora, ábrete a rendirte y a dejar de luchar por alcanzar estos objetivos y satisfacer tus ideas con respecto a cómo debería ser la vida.
El Espíritu Santo está invitándote constantemente a rendirte de esta
manera y a aceptar la paz mental como tu único objetivo y resultado
en cualquier situación.

Como símbolo de soltar tus objetivos, podrías arrancar estas pági-
nas de tu diario y arrugarlas. También puedes tomar un cuenco de

---

41. Te percatarás asimismo de que muchos de tus objetivos son contradictorios, que no tienes un resultado concreto en mente, y que no puedes
por menos que experimentar desilusión con respecto a algunos de tus objetivos, independientemente de cómo se resuelva finalmente la situación.
UCDM, L-pI.24.6:2.

cristal y quemarlas de manera segura, observándolas desaparecer en el humo.

Hace falta confianza para darte cuenta de que tú no tienes que controlar los resultados, y tampoco puedes. Relájate en la aceptación de que en ninguna situación conoces el resultado que te haría feliz. Deja que la guía del Espíritu Santo te dirija, y, en la aceptación, date cuenta de que tienes lo que siempre has querido: paz.

La facilidad del flujo milagroso

¿Qué no ibas a poder aceptar si supieses que todo cuanto sucede, todo acontecimiento, pasado, presente y por venir, es amorosamente planeado por Aquel cuyo único propósito es tu bien? Tal vez no hayas entendido bien Su plan, pues Él nunca podría ofrecerte dolor. Mas tus defensas no te dejaron ver Su amorosa bendición iluminando cada paso que jamás diste. Mientras hacías planes para la muerte, Él te conducía dulcemente hacia la vida eterna[42].

Todos hemos pasado momentos en los que lloramos y sentimos que nos gustaría arrancarnos el pelo. Pero llegamos a un punto en el que solo podemos reírnos. La cosa empieza a ser cada vez más divertida. Eso es aceptación. Eso es estar alineado con el Espíritu Santo.

Sabes que estás en la aceptación cuando empiezas a rendir los diversos aspectos de tu vida: rindes y abandonas tus opiniones, rindes tus intenciones, rindes los intentos de controlar el mundo, los sucesos y las situaciones. La aceptación promueve una exquisita experiencia de flujo libre de esfuerzo. Puedes

---

42. ¿Qué no ibas a poder aceptar si supieses que todo cuanto sucede, todo acontecimiento, pasado, presente y por venir, es amorosamente planeado por Aquel cuyo único propósito es tu bien? Tal vez no hayas entendido bien Su plan, pues Él nunca podría ofrecerte dolor. Mas tus defensas no te dejaron ver Su amorosa bendición iluminando cada paso que diste. Mientras hacías planes para la muerte, Él te conducía a la vida eterna. UCDM, L-pl.135.18.

saber que has soltado el control y que estás en la aceptación cuando experimentas la vida y el mundo con facilidad. Si todas las cosas parecen seguir un ritmo, si todo sucede y encaja en su sitio con facilidad, y tú te deslizas por el mundo, entonces sabes que estás en la aceptación.

Conforme aumenta la confianza en la guía, también aumenta tu capacidad de aceptación, lo que acaba llevándote a la experiencia de que todas las cosas son igualmente aceptables. Este estado libre de juicio significa que ves y aceptas que todas las cosas y apariencias son verdaderamente útiles para tu sanación. Esto no significa que sientas algún tipo de obligación con respecto a cada situación que se presente en tu camino. Pero tu actitud es de bienvenida y apertura, en lugar de sospechar de lo que sucede. Estás desarrollando la intuición a fin de usar el discernimiento a medida que aprendes que cada cosa que viene a ti es para curarte.

Este estado mental te conduce a experimentar más y más milagros. La aceptación combinada con la confianza es la receta de los milagros. Es inevitable que experimentes milagros en cuanto empieces a confiar en el flujo y la orquestación de todos los sucesos. Te has abierto a todo un nuevo tipo de percepción. Estás llegando a saber que hay un verdadero propósito para todas las cosas. Es como en la película *August Rush,* que es un precioso ejemplo de cómo todo está perfectamente orquestado. Incluso cuando las cosas no tienen buen aspecto, August continúa comprometido con su vocación y su llamada interna[43]. Como en el caso de August, el flujo genuino de todas las cosas se convierte en tu percepción natural y pacífica. ¡Has satisfecho las condiciones para vivir una vida de mentalidad milagrosa, y el amor sale ganando!

---

43. Es como la película *August Rush [El triunfo de un sueño],* que es un hermoso ejemplo de cómo todo está perfectamente orquestado, incluso cuando las cosas no tienen buen aspecto. August permanece comprometido con su vocación y su certeza interna. David Hoffmeister, 2017, *Movie Watcher's Guide to Enlightment,* Kamas, UT: Living Miracles Publications. Véase también https://mwge.org.

CAPÍTULO 9

PAZ MENTAL

Cuando no llevamos las creencias inconscientes al primer plano de nuestra mente para ser observadas y liberadas, el pasado se reproduce una y otra vez. Esto no es vida. Es como ser un robot: levantarse por la mañana, cepillarse los dientes, prepararse para ir a trabajar y repetir los mismos movimientos. ¿Cuántos de nosotros nos levantamos por la mañana, nos sentamos en la cama y nos preguntamos: "¿Cuál es la naturaleza de la realidad? ¡Ni siquiera quiero cepillarme los dientes hasta tener esto claro!"?

Más adelante, te pones en marcha y tal vez durante el descanso para comer o en algún momento del trabajo, te planteas preguntas como: "¿Qué estoy haciendo aquí? ¿Qué propósito tiene esto?" Estas preguntas a menudo se dejan a un lado debido a todas las cosas que crees que tienes que hacer, las denominadas "cosas prácticas" que te impiden investigar más a fondo. Pero no puedes alcanzar un estado de paz hasta que sueltes las creencias que te impiden tomar conciencia del propósito y experimentarlo.

Lo único que necesitamos es estar dispuestos

Tenemos que estar dispuestos a sanar nuestra mente. Tenemos que estar dispuestos a ver dónde decimos "no" a la paz. De hecho, solo necesitamos estar dispuestos. No necesitamos inteligencia, no necesitamos mucho dinero, y tampoco necesitamos muchas destrezas y habilidades: todas las cosas que el mundo considera esenciales. En mi vida, yo no tenía mucho dinero, y no sentía que tuviera muchas habilidades, pero sé que estaba muy, muy dispuesto a que se me mostrara, a dejar las puertas abiertas. Si vienes a Dios con buena disposición y sinceridad, ten cuidado: ¡Te vas a quedar asombrado! Llegarás a una experiencia de paz, libertad y claridad que nunca habías imaginado y ni siquiera pensabas que fuera posible. Sabrás verdaderamente quién eres.

Como he mencionado antes, el ego está dedicado a los resultados en la forma, a establecer objetivos específicos y después a luchar por alcanzarlos. Al hacer esto, seguimos sin ser felices. Entonces surge la pregunta: "¿Qué viene a continuación? El juego de "seré feliz cuando..." sigue adelante sin parar. Finalmente, nos damos cuenta de lo poderoso que es el hecho de que la paz solo es una decisión. ¿Por qué no hacer que la paz mental sea nuestro objetivo?

Lo que realmente estamos pidiendo

La paz siempre está presente, aunque esto no está en nuestra conciencia ni ponemos la atención en ello. Más bien, la paz está enterrada en lo profundo de nuestra mente, cubierta por creencias y apegos. Por lo tanto, nuestro camino hacia ella siempre debe pasar por el gratificante empeño de destapar nuestras creencias.

Alguien me pidió consejo una vez: "Tú dices que todos obtenemos lo que queremos. Tengo una amiga que no estaría de acuerdo contigo. Ella tiene cuarenta y cinco años, siempre ha querido tener un marido y un hijo, y no los tiene. Ella reza, y nosotros solemos decirle: 'Déjalo en manos de Dios', pero tú dices que conseguimos las cosas aunque sea el ego el que las desea. Entonces, ¿qué le dirías?"

Sin importar lo que parezca estar ocurriendo en cuanto a lo específico, en la superficie de las cosas, o en nuestros corazones, en realidad nunca pedimos "cosas". Lo que en realidad siempre pedimos es una experiencia o un estado mental. Podrías preguntar a tu amiga cosas como: "¿Cuál es tu experiencia?" Y ella podría decir: "Bueno, me siento sola. Quiero un marido y un hijo porque quiero algo que llene mi vida. Quiero un sentimiento de unión, de conexión. Quiero compartir mi vida con alguien. Quiero compartir las alegrías de ser madre". Entonces ella podría empezar a ver que en su mente hay una creencia en la escasez. Es esta creencia la que le lleva a la experiencia de soledad, de sentirse aislada, de sentirse vacía e incompleta. Ella podría expresar cosas como: "De acuerdo, me siento vacía, un poco sola e incompleta". El aspecto que la vida y el mundo tienen para ella es un reflejo de estos sentimientos.

Cuando sentimos este vacío, aislamiento y soledad, lo que está haciendo que nos sintamos así no es el aspecto de nuestra situación en el mundo. No son nuestras circunstancias de estar soltero o casado, por ejemplo. Estamos sintiendo eso porque ese es nuestro estado de conciencia. Nos estamos sintiendo así debido a nuestro deseo de prestar atención a las creencias del ego, que nos dice que somos capaces de sentirnos solos, vacíos o aislados. Siempre obtenemos aquello que pedimos, aquello por lo que rezamos. Esto significa que siempre estamos consiguiendo exactamente aquello con lo que alineamos nuestra mente. La forma de nuestra vida es simplemente una imagen externa de nuestras creencias y deseos internos que da testimonio de un estado mental interno; esto es así sin excepción.

Por tanto, esta mujer que no quiere sentirse sola podría empezar a trabajar internamente para cultivar la experiencia de una relación con el Espíritu Santo: liberar los sentimientos, examinar las creencias, mirar los pensamientos que pasan a diario por su mente. Y finalmente diría: "La buena nueva es que no soy una víctima. Basándome en estos pensamientos, no soy impotente". De hecho, nunca somos impotentes frente a nuestras creencias porque podemos cambiarlas. Podemos cambiar de mentalidad en un instante.

Ella podría ver cómo esto se demuestra en otros. Todos hemos conocido a personas que son muy, muy felices y alegres. Algunas de ellas son solteras, y otras están casadas. Algunas tienen hijos y otras no. Esto nos muestra que la felicidad, la alegría y el amor no dependen de las circunstancias. En realidad, nada depende de las circunstancias. A veces, las personas se pueden sentir muy solas en medio de una multitud, pero cuando están dando un paseo por el bosque en soledad, se sienten alegres y conectadas con la totalidad del universo y con todos los que lo habitan.

A veces, la gente me comenta: "Sí, David, vemos que tú eres muy feliz, pero esto se debe a tus circunstancias. Si estuvieras casado, si tuvieras hijos, si tuvieras una hipoteca y un jefe, entonces ya veríamos lo feliz que te sentirías". Bueno, sería verdaderamente extraño que Dios hubiera establecido un mundo donde la gente pudiera tener circunstancias desafortunadas. ¿No sería mucho más razonable pensar que, cualquiera que sea el mundo que percibimos, está ahí porque nosotros mismos lo hemos elegido? Hemos elegido nuestra vida tal como la conocemos. La hemos construido. Es como el niño pequeño que construye un castillo con las piezas de construcción, hace un pequeño fuerte o algo parecido, un edificio, y después mira lo que ha hecho. No tiene sentido lamentar las circunstancias. Están ahí debido a una decisión. Han sido elegidas a nivel inconsciente. Hemos elegido todo lo que aparece en nuestra película tal como lo preferíamos. Aunque nos parezca indeseable, en algún nivel, nuestro yo-ego lo ha querido así. Y, por supuesto, esta es la razón por la que puedes aprender a elegir de nuevo. No estás determinado por las circunstancias, y al elegir paz de manera cada vez más consistente, tienes una nueva experiencia de todas las circunstancias y situaciones. Cuando la mujer que se siente sola se centre en contactar con su deseo esencial, con la experiencia que quiere, en lugar de con las circunstancias externas, encontrará conexión y satisfacción en el presente, y por lo tanto cultivará una experiencia estable y consistente de paz mental que no dependerá de las circunstancias externas.

El poder de querer

Si todo lo que experimentamos está ahí porque a cierto nivel lo queremos, la consecuencia es que no hay nada de lo que experimentamos que no lo hayamos querido de esa manera particular. Así, en lugar de insistir en nuestra debilidad, es importante que nos demos cuenta de lo poderosa que es nuestra mente. Incluso lo que denominamos parloteo, el loco ruido mental que has estado pidiendo que se calle, tiene poderosos efectos en nuestra manera de percibir el mundo que nos rodea.

Una vez que empezamos a reconocer el poder de lo que queremos y el poder de nuestra oración, podemos empezar a entrar más dentro, preguntándonos: "¿Y qué es lo que realmente quiero? ¿Cuál es mi prioridad?" A medida que vamos profundizando en ello, empezamos a darnos cuenta de que realmente queremos usar el poder de nuestro querer, de nuestro deseo, y dirigirlo hacia la paz mental. ¿Qué baratijas del mundo podrías desear si realmente tuvieras la opción de elegir la paz mental? ¡La paz imperecedera! Tengo un amigo que en una ocasión me preguntó:

—Si abro mi mente a Dios, ¿podré seguir teniendo mi Maserati?

—Bueno, tienes que tener muy claro qué te importa más —dije yo—. ¿Qué es lo que realmente, realmente quieres?

Una vez que conectas con el poder de tu querer, empiezas a usar la discriminación. Y es hacia ahí hacia donde estamos yendo, a esa zona de discernimiento, acercándonos cada vez más a ese lugar donde nos damos cuenta: "Ey, quiero un estado mental. Lo que realmente quiero es la paz de Dios".

Decir las palabras "quiero paz" no significa nada. Pero poner la intención en ellas lo es todo[44]. Tenemos que estar en contacto con lo que queremos porque no hay frases ni dichos

---

44. Decir las palabras "Deseo la paz de Dios" no es nada. Pero decirlas de corazón lo es todo. UCDM, L-pl.185.1:1-2.

espirituales repetidos que puedan brindarnos mágicamente la verdadera paz. Como Dorothy en *El Mago de Oz*, lo único que ella tenía que hacer para ir a casa era juntar los talones, las pequeñas zapatillas rubí, tres veces y pronunciar las palabras: "Ningún sitio, como el hogar[45]". En cierto sentido, el Espíritu Santo habla a través de Glinda, la Bruja Buena: "Siempre has tenido el poder de ir a Casa"; esto es verdad. Pero "querer paz" es realmente algo más que soltar una frase hecha, que saber el mantra adecuado, o que pronunciar las palabras correctas de la manera correcta. La experiencia de paz no se encuentra en ningún "abracadabra" con el que basta con pronunciar las palabras adecuadas para deshacer el hechizo. Más bien, debemos cultivar el buen hábito de orientarnos internamente hacia el corazón y ser muy sinceros con respecto a lo que queremos. Pregúntale a tu corazón: "¿Qué es lo que realmente, realmente quiero?" Cuando morimos no vamos al Cielo, porque el Cielo es un estado mental, un estado de paz que está disponible en el presente.

Una paz presente

Una vez que realizamos esta indagación interna, podemos abrirnos a elegir la verdadera paz. Esta es una perspectiva que se aleja de las formas modernas de espiritualidad, que con frecuencia se enfocan en "¡crear tu propia realidad o manifestar!" Difiere de muchas de las psicoterapias y prácticas de *counseling* que te llevan al pasado para entrar en contacto con los recuerdos y sucesos inconscientes que, según se cree, son la causa de tus problemas. Lo cierto es que nada de tu pasado ni de tu futuro te está causando ningún problema. Es posible

---

45. Como Dorothy en *El mago de Oz*, lo único que ella tenía que hacer era chocar los talones, las pequeñas zapatillas rubí, tres veces y decir las palabras: "Ningún lugar como el hogar", para ir a casa. Directores: Víctor Fleming and King Vidor, 1939, *El mago de Oz*, Metro-Goldwin-Mayer.

ESTE MOMENTO ES TU MILAGRO

que esto te parezca radical, especialmente si estás enfocado en recuerdos dolorosos o traumas, o si has entrado en contacto con ellos. Desvelar los recuerdos reprimidos puede ser una piedra de toque muy importante en tu proceso de sanación, y no hay que descartarlo. Dichos recuerdos pueden ser vías de acceso a una sanación más profunda de tu mente y a una apertura de conciencia. Pero recuerda: tu mente egóica quería cada experiencia que ha tenido, y ahora lo mejor que puedes hacer es dejar que dichas experiencias sean vías de acercamiento al problema fundamental de la separación, a fin de sanar en el camino de regreso a quien realmente eres.

Descubrir el poder de nuestra mente es esencial para aprender a ver que nuestros pensamientos siempre nos dan una experiencia de paz o de torbellino. La paz mental —así como la culpa, el miedo y el enfado— se basa en una decisión presente, en una decisión que estás tomando en este mismo instante. En lugar de ir al pasado y realizar una caza de brujas, o de intentar afirmar un futuro mejor, te enfocas en la decisión presente a favor de la paz.

En *Un curso de milagros,* Jesús dice: "Debes haber notado una descollante característica en todo fin que el ego haya aceptado como propio. Cuando lo alcanzas, te deja insatisfecho[46]". Piensa en todas las metas que nos marcamos. Se nos dice que marcarnos objetivos está bien, ¿verdad? Entonces, ¿quién eres tú si no tienes ningún objetivo? ¡Un vago, un holgazán, nada bueno! Ahora estás trabajando con el Curso, ¿y qué te pide que hagas? ¡Renuncia a todos tus objetivos! Vivir como si hubieras renunciado a todos tus objetivos, excepto al único objetivo de sentir paz en el presente, puede llevar algún tiempo. Asociamos las metas con el futuro, de modo que la paz en el presente nos parece un objetivo muy distinto. Por eso, al comienzo puede resultar un poco difícil. Asimismo,

---

46. Debes haber notado una descollante característica en todo fin que el ego haya aceptado como propio. Cuando lo alcanzas te deja insatisfecho. UCDM, T-8.VIII.2:5-6.

puedes confiar en que oirás al ego decir: "Oh, vamos, ¡qué desperdicio! Podrías estar haciendo algo verdaderamente productivo. ¿Paz presente?" Esto es lo que tendrás que afrontar. Y mientras conserves ese pensamiento de duda, adivina qué puede pasar... El mundo lo va a actuar, lo va a representar para ti. Podría venir de tus padres, de tus vecinos o de tu esposa: "¿Qué? ¿Cuál es tu objetivo? ¿Tu objetivo es tener paz en el presente?" Cualquier persona puede representar tus dudas porque el mundo que percibes es un reflejo de tus creencias. Así, si tienes vacilaciones con respecto a la paz presente, adivina dónde se van a exteriorizar: ¡Por todas partes!

Cuando aceptamos que nuestro derecho de nacimiento divino es mantenernos en un estado constante de paz, somos llevados en una dirección completamente nueva. Empezamos a reconocer nuestra verdadera fuerza, y esa fuerza es libertad. Aquí, los pensamientos del ego, los pensamientos de tentación, ni siquiera pueden entrar nunca en nuestra prístina y santa mente. ¡La luz se vuelve tan intensa y brillante que los pensamientos del ego ni siquiera pueden entrar!

Mantenerse vigilante a favor de la paz

A lo largo del camino hay muchas ocasiones en las que podemos observar que una parte de nuestra mente se quiere desviar de la paz con la que estamos empezando a contactar. Estos momentos del camino son importantes, puesto que son oportunidades de permitir que surja el temor y, al mismo tiempo, todavía somos capaces de hacer lo que nos dicta el corazón. A medida que confiamos en la voz interna, o en el sentimiento del corazón, fortalecemos la confianza en que nos dirigimos hacia la paz.

Este mundo está compuesto de incontables distracciones y placeres temporales para que nos sintamos bien durante un breve periodo de tiempo. Cuando nos damos cuenta de que ceder a los placeres temporales es un obstáculo para alcanzar un estado de paz continua, reconocemos que tenemos que examinar más a fondo lo que elegimos día a día y momento a momento. Nuestro verdadero propósito es ser felices, no conseguir cosas ni acumular posesiones. Entender esto conduce a la paz mental. La experiencia de libertad es de la mente, y no depende en ningún sentido de las circunstancias.

Podemos tener claro qué es el ego y después retirar nuestra atención de él, reclamando la paz en el momento presente. En otras palabras, retirar el interés por el ego y recuperar el poder de la mente al elegir paz de manera consistente. Porque, mientras creamos que el ego tiene algo valioso que ofrecernos, nuestras mentes estarán privadas de paz. Tenemos que mantenernos vigilantes para no hacer ninguna excepción. Tampoco deberíamos aceptar que hay un orden de dificultad en alguno de los problemas con los que nos encontramos: una ilusión es una ilusión independientemente de su aparente magnitud. Cuando ahondamos más, nos damos cuenta de que solo podemos renunciar a lo que, de todos modos, nunca fue real. Llegamos a ver lo falso como falso y la ilusión como ilusión. Cuando retiramos la resistencia a la paz, la luz del Espíritu brilla en nuestra conciencia sin obstrucción.

Lo que hace que la paz sea posible es la confianza en el Espíritu Santo. Confiar en aprendizajes del pasado y en los constructos del tiempo lineal significa que tenemos miedo del Espíritu, miedo de los reinos superiores, miedo del amor. Así, en la medida en que queramos aferrarnos a los aprendizajes del pasado, no seremos capaces de descansar en la paz presente. Estas son las fases por las que la mayoría de nosotros pasamos antes de volver a la paz:

En primer lugar está lo que te gusta y lo que te disgusta. Empiezas a tomar conciencia de ello, y ves que prefieres más de lo que te gusta y menos de lo que te disgusta.

Después vas un poco más allá y empiezas a sentir que tu mente es poderosa, y que puedes manifestar más de lo que te gusta y menos de lo que no te gusta.

Entonces vas todavía un poco más alto, y empiezas a darte cuenta de que tu mente es muy poderosa; es la que ha fabricado este sueño.

Cuando empiezas a darte cuenta de que pensabas que te gustaba esto y que no te gustaba aquello, pero que en realidad no sabes qué quieres, empiezas a sentirte humilde. Ahora estás abierto a la paz mental y a que se te dé una experiencia que viene de mucho más lejos que tu aprendizaje del pasado. Empiezas a usar tu mente poderosa para experimentar solo lo que realmente quieres: paz mental.

La única respuesta es paz

El único modo de experimentar este mundo de manera precisa y pacífica es como una totalidad unificada. Pero, en general, esta no es nuestra experiencia cuando lidiamos con los problemas y situaciones de cada día. Piensa en las mil y una experiencias que has tenido recientemente. Si separas una de esas experiencias y piensas que hay algo equivocado en ella, o que algo podría haber sido mejor o diferente, entonces estás viéndola con el ego, que siempre intenta resolver las situaciones mediante la división. Llamo a esto fragmentación.

Si el hábito de despilfarrar en un hogar le llevara a afrontar ciento cuarenta y dos problemas, y cada uno de dichos problemas se resolviera, mientras se mantenga una perspectiva de fragmentación, siempre surgirán más problemas. Pero cuando el propósito se orienta hacia la paz y la verdad, nuestro punto de vista con respecto al universo se transforma. Aunque los problemas parezcan continuar, no los experimentaremos desde una perspectiva de fragmentación, y no los vemos como problemas fragmentados en y por sí mismos. Si solo nos enfocamos en deshacer los obstáculos que nos impiden experimentar la paz mental, sentiremos un flujo de guía en cuanto a cómo lidiar con cada uno de los problemas que van apareciendo.

Veremos los problemas solo como un guión cinematográfico que se está desplegando en la pantalla, y eso nos devolverá a la paz. Ya no desearemos dar nuestro poder a nada que se lleve nuestra paz. Así cambiaremos completamente nuestra perspectiva.

Como el problema está en la mente, solo puede resolverse en la mente. El ego fabricó el mundo para generar problemas específicos que no tienen respuesta. Fabrica problemas imposibles que no tienen una solución verdadera.

Si entregamos nuestra mente al Espíritu Santo y le pedimos toda una nueva manera de ver, una nueva visión, entonces estamos yendo hacia dentro, hacia la verdadera solución. Estamos aquí para volver a un fundamento y a una experiencia seguros. Esto es muy práctico. Solo tenemos que confiar y estar dispuestos a desaprender cosas e ideas que pensábamos que eran hechos consolidados con respecto a nosotros mismos y al mundo. El resultado es una mente serena. La paz mental no es un pequeño regalo que te das a ti mismo: lo es todo. ¿Puedes imaginar cómo sería sentirse perfectamente en paz, siempre calmado y tranquilo? Para esto es el tiempo: para aprender esto y nada más. Puedes permitirte a ti mismo tener la mente abierta y ser flexible con respecto a las cosas a medida que profundizas más y más en la práctica. Puede ser muy permisivo y muy pacífico.

Establecer el objetivo de alcanzar la paz

Hay una sección en *Un curso de milagros* titulada "Cómo fijar la meta", que explica que si pones el objetivo de la paz en primer lugar en cada situación, percibirás que cada persona y cada cosa apoyan dicho objetivo[47]. Establecer el objetivo de

---

47. Hay una sección en *Un curso de milagros* titulada "Cómo fijar la meta" que explica que si pones el objetivo de paz delante de toda situación, percibirás que todas las personas y cosas apoyan dicho objetivo. UCDM, T-17.VI.

paz es algo que podemos hacer al principio de cualquier actividad. El valor de decidirse por la paz anticipadamente es que percibirás la situación como un medio de lograrla. Esto significa que ya no tiene que ser la percepción la que determine nuestro estado mental.

Cuando preparas la mente con anterioridad, la enfocas en lo que quieres. Esta es la manera de usar el tiempo con propósitos curativos. La mente separada cree en el pasado, en el presente y en el futuro, aunque lo único que realmente existe es el eterno ahora. Creer que los problemas están causados por sucesos del pasado es hacer concesiones a la idea de separación del ego, y distrae la mente de mantenerse presente en el momento. En realidad, la paz es una elección presente, y creer que los sucesos del pasado pueden afectarte o impedirte experimentar paz ahora mismo no es sino una defensa contra el momento presente. Cuando tu mente está alineada con la paz como único objetivo, no puedes evitar ver el cosmos unificado, y por lo tanto pacífico. Esto muestra lo poderosa que realmente es la mente. Muestra lo importante que es enfocarse en lo que realmente quieres, en aquello que es verdaderamente útil para ti.

EJERCICIO: Elegir la paz mental

Para escuchar una versión grabada de este ejercicio, ve a http://www.newharbinger.com/41870.
Asegúrate de tener algo de tiempo para ti, puesto que este ejercicio requiere una indagación profunda. Es posible que hayas llegado a un lugar hermoso en tu recorrido con este libro, y también es posible que este viaje haya empezado a sacar a la luz creencias profundas, e incluso cierto malestar. Esto está bien y forma parte del camino. Ahora siéntate cómodamente. Toma una respiración profunda. Reflexiona por un momento sobre lo que has aprendido en los capítulos anteriores —guía, confianza, y aceptación— antes de empezar este ejercicio. Haciendo uso de tu diario, emplea la asociación libre.

1. Recuerda una situación reciente en la que te hayas sentido estresado; por ejemplo, cuando estabas atascado en el tráfico, en el trabajo, o en casa con tu familia. Ahora, tómate algo de tiempo para reflexionar y plantéate estas preguntas: ¿Qué perspectiva elegí en esa situación? ¿Estaba eligiendo dolor y conflicto, o estaba eligiendo paz y alegría? Recuerda tus pensamientos y sentimientos.

    Empieza a considerar que tienes opciones y que siempre puedes volver a elegir. A fin de deshacer la tendencia a ir al pasado y a pensar en situaciones estresantes, esta práctica de considerar tus opciones en lugar de mostrarte reactivo te invita a mantenerte vigilante con respecto a tus pensamientos, lo cual es imperativo cuando quieres alcanzar el estado de paz.

2. ¿Qué está causando actualmente ansiedad o estrés en tu mente o en tu vida? Anota al menos tres o cuatro situaciones que te estén produciendo preocupación o estrés.

    Estas situaciones no tienen el poder de hacer que te sientas como te sientes. Todo el poder reside en tu propio pensamiento. Por lo tanto, examina cualquier pensamiento asociado con las situaciones. ¿Estás culpando de tu estrés a las circunstancias externas? ¿Estás dispuesto a asumir responsabilidad por tu estado mental?

    Tus respuestas a estas preguntas determinarán con cuánta rapidez experimentarás la paz mental.

    Te animo a establecer un firme compromiso con la práctica de ir dentro para liberar los sentimientos y emociones que surgen en las situaciones estresantes. Por ejemplo, cuando notes algo de preocupación, haz inmediatamente una pausa y permite que ese sentimiento se libere completamente. Recuérdate que tu sanación es inevitable y que la paz mental está disponible ahora mismo. Date cuenta de que todo es para tu curación, en lugar de algo que te está ocurriendo.

    En una situación inesperada, es posible que te pilles a ti mismo sintiéndote irritado por el entorno externo, o puedes estar molesto o impaciente. Esta es tu oportunidad de dar un paso atrás y rezar pidiendo un milagro. Pregúntate: "¿Creo que esta molestia tiene causas externas? ¿O estoy empezando a reconocer mis propias reacciones e interpretaciones?" Recuerda que, por más difícil que parezca la situación, con aceptación puedes atravesarla pacíficamente. Únete a la verdadera oración de tu corazón y pide ayuda a tu guía interna, el Espíritu Santo.

Esta práctica requiere buena voluntad y vigilancia, y tu paz mental las merece más que de sobra. Comienza ahora. Has de saber que la verdadera paz mental es la única experiencia real y, en último término, es inevitable.

Oración: Solo la paz permanece

Ahora tómate algún tiempo para relajarte y simplemente estar, en este momento, sinceramente con el Espíritu Santo como presencia amorosa que te reconforta y te guía. Permítete descansar profundamente dentro del núcleo de tu ser mientras lees la oración siguiente:

A medida que me hundo hacia dentro,
empiezo a contemplar la naturaleza de la mente,
y la poderosa naturaleza del pensamiento.
Cuando acepto la libertad de Dios para mí mismo,
acepto la libertad de Dios para todos y para todo,
porque no hay nada fuera de mi mente.

Cuando cambio mi mente, el mundo entero parece diferente,
y a medida que acepto la visión del Espíritu, puedo ver.

Ya no confundiré el dolor con la alegría.
El dolor es el resultado del ego; la alegría es la inspiración del Espíritu.

La confusión entre el dolor y la alegría es la causa de cualquier sufrimiento,
y si sigo al Espíritu Santo, renunciaré al ego,
y nada sufriré.

En cambio, lo ganaré todo: alegría, verdadera libertad y paz interna.
Esta es mi elección.

Ahora acepto la voluntad de Dios,
y acepto que la voluntad de Dios es mi voluntad.

No hay nada más.

Esto es paz.

Amén.

La mente observante

Elevar a la conciencia las creencias inconscientes es un profundo trabajo interno. Requiere mucha disposición y mucha
humildad. Esta es la razón por la que en realidad las afirmaciones no funcionan. Por ejemplo, afirmar que eres amado, que
eres amoroso y feliz, sin mirar detenidamente la oscuridad y el
odio a uno mismo, no es más que un remedio temporal que,
en el mejor de los casos, solo puede espolear tu inspiración
para hacer un trabajo más profundo.

En mi propia vida, la parábola de David, el proceso de ir
dentro y afrontar las emociones cuando me sentía incómodo
por no estar con alguien, y sentir la incomodidad de la soledad, fueron una parte muy importante para vaciar mi mente
de todos los conceptos y para llegar a la paz interna. Es posible
que hayas tenido la experiencia de sentirte solo en medio de
la multitud, o la sensación de conexión mientras vas caminando solo por una playa, por ejemplo. Estas experiencias te indi-
can que en realidad todo tiene que ver con tu estado mental y
psicológico. De modo que la cosa se reduce a mucha práctica,
a vaciarse y a limpiar para llegar a aquello que está debajo
de las pequeñas molestias que sientes. Hay una raíz mucho
más honda, la raíz que te lleva hacia abajo a la experiencia de

culpa. Cuando he buscado completarme en una relación, en el trabajo, en las relaciones familiares, en situaciones medioambientales, y en diferentes ubicaciones y países, he descubierto que eso no funciona. Estas cosas no eran duraderas, y no me ofrecían una sensación de compleción y de paz mental. En cambio, he llegado a la conciencia clara de que hay un propósito, una llamada en mí, que es idéntica a este momento siempre presente. En realidad, el camino espiritual tiene que ver con encontrar tu vocación interna y seguirla. Porque hacer eso te lleva a un estado mental extraordinario que en realidad es muy natural, porque su naturaleza misma es la paz.

Puedes empezar a ver que la manera de experimentar la paz es a través de la observación del mundo. Todo el propósito del camino espiritual es hundirse relajadamente en la suave y amable presencia del observador. Tu objetivo es ser el observador, y ser capaz de observarlo todo sin quedarte pillado en la confusión mortal, y ni siquiera tener una opinión con respecto a ella ni sentir que tienes que participar en ella. Cuando estás en el Espíritu, realmente estás más allá del roce del tiempo. El tiempo pasa sin tocarte. En realidad, no eres viajero en el tiempo y el espacio; más bien, viajas a través de ideas, conceptos y creencias hasta que llegas a la orilla de la tranquilidad, de la paz profunda.

Tercera parte

MILAGROS EN LAS RELACIONES

CAPÍTULO 10

TRANSFORMAR LAS RELACIONES ESPECIALES

A medida que te acerques a tu verdadero deseo de paz, comprobarás que es importante examinar tus relaciones. Tus relaciones son espejos de tu mente, de tus creencias. El mayor barómetro de nuestro estado mental se encuentra en cómo nos sentimos en todas nuestras relaciones, sean las más íntimas o las que mantenemos con familiares, amigos, compañeros de trabajo y socios comerciales, o los encuentros casuales. Cuanto más íntima es la relación, mayor es su potencial curativo; de modo que en este capítulo hablaré de las relaciones "especiales". Cuando pensamos que somos especiales, el ego nos hace buscar lo que es diferente o lo que les falta a los demás. Entonces, el ego compara y nos hace mejores o más especiales que el "otro". Este proceso de juzgar es lo que el ego considera su trabajo. Al nivel más básico, el especialismo es la creencia en diferencias. Esta creencia siempre será causa de inquietud y conflicto en las relaciones, porque se basa en la separación. Este capítulo desvelará las dinámicas del especialismo y cómo usa el ego las relaciones.

La mayoría de las personas piensan en las relaciones interpersonales como algún tipo de realización o satisfacción, porque sienten un vacío, como un agujero interno. Es común pensar que una relación responderá a la búsqueda de intimidad, conexión y amor. Cuando hay esta sensación de necesidad o carencia en la mente, se convierte en un deseo a menudo inconsciente: "Necesito conseguir algo de ti". Esto establece una gran expectativa. La desilusión es el resultado inevitable del hábito de usar las relaciones para resolver la carencia o el vacío interno que percibimos.

Tal vez la expectativa no cuestionada más común, la que más se suscita en la sociedad, es el voto matrimonial. También hay una expectativa de longevidad, y los aniversarios de plata, oro y diamante se consideran logros respetables. Cuando buscamos fuera una pareja que satisfaga nuestras necesidades y esta no llega a cumplir con el papel que el ego le ha asignado, entonces bajamos el telón. O bien decimos: "Ya he tenido suficiente de esto", o bien empezamos algún tipo de regateo con el ego, como el de intentar agradar a los demás, lo cual solo enturbia las aguas todavía más, y no lo experimentamos como una buena situación. El ego también puede usar erróneamente las relaciones para proyectar nuestras emociones sobre la otra persona y culparle. "Yo sería feliz si tu no hicieras esto, lo otro y lo de más allá". Las proyecciones salen a raudales. El enfado y la culpa necesitan una diana porque sentir adueñarnos de ellos nos resulta intolerable. Pero no nos damos cuenta de que proyectar sobre nuestra pareja y culparla en realidad mantiene vivas estas emociones negativas.

A veces, las razones por las que las personas entran en relaciones o las evitan son los problemas de soledad y abandono. Todo el mundo quiere intimidad, pero todo el mundo también quiere libertad. Generalmente buscamos intimidad en una relación, pero si creemos que esto supondrá perder cierta medida de libertad, es posible que terminemos con ella.

Una relación puede ser un tremendo mecanismo de sanación si estamos dispuestos a usarla de esta manera. La relación nos ofrece incontables oportunidades de recuperar la proyección cuando nos sentimos irritados, o molestos, o incluso cuando nos fastidian las cosas más insustanciales.

Del especialismo a la verdadera naturaleza del amor

Cuando queremos algo de otra persona, es imposible que le permitamos ser quien quiere ser. Pero esto es la condición humana: un estado de deseo o de apego a cierta forma idealizada. Cuando la mente está dormida, busca desesperadamente la inocencia y el amor porque cree que los ha perdido. Mientras el ego nos guíe en nuestras relaciones, estaremos buscando realización y satisfacción en una forma, en un cuerpo. Es como si tomaras una foto y le dijeras a Dios: "Quiero uno de estos. Seré feliz cuando mi vida tenga este aspecto". Pero estas formas son ídolos, y nunca nos satisfarán completamente. Podrías decir que la unidad del Cielo, o el momento presente, es un estado perfecto de satisfacción libre de deseo. Es no querer ni necesitar nada, no esperar que algo sea distinto o mejor. Es no buscar respuestas. Es un estado que simplemente es. Metafísicamente, en realidad es imposible encontrar el amor en la relación interpersonal o con algo "externo". El único amor verdadero es el amor interno del Espíritu.

Mientras tengamos miedo, y creamos que somos una identidad separada, seguiremos intentando encontrar este amor fuera de nosotros. Una pregunta que me plantean habitualmente es si es el ego el que está detrás de nuestra atracción hacia otra persona. Ciertamente el ego es el que habla primero, ¡y el que habla más alto! El ego es impetuoso e impulsivo; quiere gratificación inmediata en sus propios términos. Pero el Espíritu puede usar la atracción de manera muy hermosa cuando te permites ir hacia una relación y usarla para sanar la mente. Quedarte ahí, en una relación comprometida, y afrontar las sombras cuando surjan, te ofrece una oportunidad mucho más grande de sanar tu mente. Abrir el corazón y las experiencias de enamoramiento siempre son de ayuda, y acabarán conduciendo a tomar conciencia del verdadero amor.

Como el verdadero amor y la intimidad solo se pueden encontrar dentro, es posible que te preguntes qué es lo que la mente quiere verdaderamente, y qué es en realidad una relación especial. Cuando entres en una relación especial, es muy probable que traigas todos tus viejos pensamientos y asociaciones contigo. Al interactuar con otra persona, estás interactuando con un trocito de tu propio pasado. El cuerpo que crees ser y el cuerpo con el que estás en relación son como holografías que están representando los asuntos que no tienes resueltos.

Las relaciones ofrecen un reflejo, un espejo, que te ayuda a entrar en contacto con lo que está ocurriendo en tu conciencia, y por eso pueden ser tan intensas. Todas las relaciones personales tienen el potencial de activar distintos tipos de agravios, como: "Dijiste que harías esto, y no lo hiciste; ya no eres como cuando me casé contigo". Los problemas de dinero, el sexo, los celos, la envidia y todos los supuestos problemas relacionales, como quiera que describas la situación, se basan en los condicionamientos del pasado. El pasado acabó, y también los problemas, pero, en la medida en que tú sigues creyendo en ellos, esta pareja te va a hacer el favor y los va a representar delante de ti. Un día, despiertas y le dices a tu pareja: "¿Qué es lo que crees?" O podría haber 348 días consecutivos de dicha, pero después surge algo y ¡Bum! Algo pulsa el botón y se produce el estallido. ¿Por qué? Porque crees que algo del pasado todavía sigue activo. En realidad, ¿qué es lo que la otra persona está representando? Está representando los juicios y preferencias que tienes en tu inconsciente. Por eso te sientes más atraído hacia ciertos cuerpos que hacia otros, y, desde la perspectiva del Espíritu, el propósito es sanar esos problemas.

Las relaciones y el propósito

Tu objetivo es sanar las dependencias inútiles y las desesperaciones enraizadas en una profunda creencia en la carencia. El ego siempre tiene un resultado para las relaciones, como seguir juntos a toda costa o hacer que tengan buen aspecto en la superficie; mientras que el Espíritu ofrece guía sobre cómo usarlas momento a momento para sanar y deshacer aspectos como la dependencia insana, el control y el temor a la pérdida. Lo cierto es que nunca necesitas a nadie en el momento presente. Pero, cuando te sientas muy atraído hacia alguien, puedes sintonizar simultáneamente con el Espíritu. Él usará este símbolo que es la relación para tu despertar. Enamorarse de alguien puede ser usado en el sentido más verdadero para entrar profundamente en nuestro interior: más allá de la forma a la esencia, a la experiencia de comunión, a una sensación de comunión total, sinergia y telepatía.

Todo el mundo quiere un amor sin final. Las letras de las canciones suelen hablar de "para siempre" y de que "durará eternamente", y el ideal de la relación duradera, eterna, armoniosa y continua ciertamente suena bien. Sin embargo, estos términos no suelen describir la típica relación interpersonal que se da en este mundo. Porque, incluso en las "mejores relaciones", cuando parecen mantenerse, se sigue percibiendo que la muerte del cuerpo, o la separación y el pasar a otra cosa, corta la relación sin permitirle llegar al ideal. Desde esta perspectiva, parece haber un final. Cuando se produce una ruptura, puede parecer que hay una falta de amor, un dolor de corazón. Sin embargo, si una relación parece acabarse y ya no estáis juntos, pero sigues pensando todo el tiempo en esa persona, todavía sigues en esa relación. Tu sanación y tu aprendizaje continúan, incluso cuando los cuerpos han dejado de estar juntos. Las personas son pensamientos en tu mente, y, por lo tanto, nunca te quedas sin una oportunidad de sanar. Lleva algún tiempo adquirir la destreza de ser consciente de tus pensamientos. Llamo a esta práctica la *observación de la mente*. La tentación consiste en observar tu mente solo en ciertos momentos y después dejar de prestarle atención y desentenderte. No obstante, la observación de la mente, especialmente dentro de las relaciones, es uno de los principales mecanismos que te permiten volver una y otra vez al momento presente.

En verdad, el amor siempre está más allá de la forma. Mientras que el amor especial de las relaciones se define por la forma y el propósito que toma, el amor divino no tiene límites. Es puro espíritu. La libertad y la intimidad solo pueden hallarse yendo hacia dentro, independientemente de si estás soltero o en relación. Solo experimentarás esta verdad cuando seas libre del apego a los resultados y dejes que el Espíritu Santo retire los límites que pones al compartir y a la extensión de tu amor.

Ir hacia la relación santa

Es una bendición que podamos usar todas nuestras relaciones para ver dónde necesitamos sanar nuestra mente y dónde seguimos albergando agravios. Cuando invitamos a entrar al Espíritu en una relación especial, observar lo que nuestra pareja nos está reflejando puede ayudarnos a ver y guiarnos sobre qué tenemos que soltar en nuestra mente.

En una ocasión, cuando estaba en Argentina, unos amigos me llevaron a ver a unos bailarines profesionales de tango. Los bailarines hacían recortes en el aire, representando todo el drama de las relaciones. Hacen esos recortes tan rápidos porque la danza muestra toda la pasión y las emociones de la relación. Incluso hay una historia de asesinato relacionada con el tango. Por tanto, debajo de esos recortes hay un poco de "podría matarte". Los rostros de los bailarines son expresivos y muy dramáticos. Hay mucho del drama y del trauma de las relaciones especiales debajo de esos cuerpos entrelazados que recortan el aire. Todos los habitantes de la Tierra podemos resonar con las intensas emociones que se dan en las relaciones. El ego es expulsado de su escondite en el inconsciente, sale a la superficie y se muestra despiadado. Lo que era pasión, romanticismo y atracción parece convertirse fácilmente en odio.

¡Un curso de milagros tiene nueve capítulos dedicados a las relaciones especiales![48] Las relaciones especiales de este

---

48. ¡Un curso de milagros tiene nueve capítulos dedicados a las relaciones especiales! UCDM, T-15-24.

mundo van y vienen entre: "Te amo, te amo, te amo; ¡y podría matarte!" A la pasión y la furia solo les separa el grosor del filo de una navaja. Así de cerca están. Si esto es así, ¿cómo puede una relación especial convertirse en el medio de la iluminación, del despertar espiritual? A través del perdón en la vida de cada día. Podemos sentirnos agradecidos a todas las personas de nuestra vida por revelarnos dónde nos sentimos agraviados.

A medida que vayas dando pasos para aceptar el verdadero propósito de todas tus relaciones, no solo tienes que poner tu mente en ello, necesitas vivirlo. Imagina que fueras un matemático que nunca ha querido practicar con las ecuaciones, o un mecánico de automóvil que no se mete debajo de la capota de los coches. Imagina un obrero de la construcción que no soporta el cemento ni los ladrillos; ¡te echarías a reír! Asimismo, los humanos necesitamos despertar relacionándonos y examinando nuestras relaciones con otras personas.

"No tener expectativas" es la manera de permitir que las cosas sean exactamente como son. Hace falta limpiar mucho el filtro de la conciencia para llegar a este estado mental. En una ocasión oficié una boda en la que el voto matrimonial fue: "Yo te amo ahora", y yo pensé que era un voto maravilloso. Los miembros de la pareja eran muy conscientes de la trampa de las expectativas futuras. Querían permitir que la relación fuera usada por el Espíritu Santo para la santidad, para limpiar la mente de cualquier expectativa sutil.

Para mí, la respuesta más útil de *Un curso de milagros* surgió cuando fui guiado a dejar una relación. Sentía un enorme dolor y una gran pena en torno a la idea de dejarlo. Afrontaba el miedo al abandono. Tenía el Curso en la mano y recé al Espíritu Santo: "Por favor, debes responderme antes de hacer esto". Entonces, abrí el libro en una sección sobre las relaciones del Manual para el Maestro. Mis ojos fueron directos a una frase que dice: "Cada situación de enseñanza-aprendizaje es máxima, en el sentido de que cada persona involucrada aprende lo máximo que puede de la otra en ese momento"[49]. De repente, mi corazón se elevó. Sentí que el Espíritu Santo me estaba diciendo: "Está bien; tú y tu pareja habéis aprendido cuanto podíais aprender en esta relación". Estaba diciendo: "El trabajo está bien hecho. Habéis hecho un trabajo excelente, y yo estaré con vosotros en vuestra próxima relación". Esto me dio fuerzas para seguir adelante y dar el siguiente paso.

A medida que vayas hacia las relaciones santas, el ego se interpondrá con mucha fuerza intentando impedir tu giro hacia la curación. Tratará de sabotear y abortar la misión de sanar intensificando el reflejo. Ahí es donde te animo a permanecer donde estás y a pedir ayuda al Espíritu. La comprensión se producirá cuando superes el anhelo de objetivar y localizar el amor, el intento del ego de encogerlo y negar su inmensidad. La superación de este obstáculo es el deshacimiento de la relación de amor especial y la transición hacia la relación santa.

Dar a tus relaciones un propósito santo es alcanzar la perspectiva trascendente que mira a los cuerpos de manera muy parecida a hojas que danzan al viento en un día de otoño. Cuando hay un poco de viento que mueve las hojas a tu alrededor, notas todos los colores. No dices: "Rojo, naranja, marrón, verde". Observas su girar desde un lugar de completa ausencia de juicio. Y eso es lo que es la relación santa. Mientras vas viviendo las relaciones en el día a día, mantente alerta ante las tentaciones de:

* Desear que la otra persona se comporte de forma perfecta.
* Culpar y hacer énfasis en los fallos e inconsistencias, bien en voz alta o en silencio.
* Hacer comparaciones.
* El deseo de tener razón a costa de la inocencia de tu hermano o hermana.

---

49. Cada situación de enseñanza-aprendizaje es máxima, en el sentido de que cada persona involucrada aprende lo máximo que puede de la otra en ese momento. UCDM, M-3.4:1.

Cuando te unes a otro en el propósito de sanar la mente, encuentras amor. Practica orientando tu atención hacia:

- Examinar los pensamientos y pautas del ego dentro de tu propia mente para poder verlos y sanarlos.
- Permitir que las relaciones te muestren lo que tiene que ser sanado dentro de tu propia mente.
- Mirar más allá de la forma y de las conductas en tus relaciones.
- Abandonar los juicios y las comparaciones.
- Practicar la indefensión cuando comunicas.
- Tener la paz como objetivo al unirte con otros y con el mundo.
- ¡Ver el regalo que supone practicar lo anterior!

EJERCICIO: Deshacer el deseo de ser especial

El ejercicio siguiente trata de ayudarte a ser más consciente de la parte que tú mismo desempeñas en la creación de los problemas y obstáculos relacionales. Te ayudará a ver que puedes cambiar tu experiencia dentro de una relación examinando únicamente tu propia mente, y no ocultándote y protegiéndote, sino elevando las reacciones, los juicios y las opiniones ocultas al Espíritu Santo.

Primera parte: Observa tus patrones en la relación

Ahora vas a identificar los obstáculos que se interponen en el camino de tu experiencia de la relación santa. Deja que las preguntas siguientes saquen a la luz aspectos de tus experiencias relacionales pasadas y presentes. Deja que venga a tu mente una relación en la que buscas algo de otra persona. Mira adentro y anota lo que te venga a la mente conforme respondes a cada pregunta.

1. ¿Qué buscas específicamente?
2. ¿Puedes ver si este propósito se basa en la creencia en algún tipo de carencia?

3. Al examinar tu vida, ¿notas algún patrón, circunstancias repeti-
    das o sentimientos persistentes, como el de ser responsable; el
    de sentirte necesitado, dependiente, rechazado, o decepciona-
    do; o bien el de controlar a otros o ser controlado?
4. ¿Qué creencias sientes que podrían estar debajo de estos pa-
    trones? Por ejemplo, si te has mostrado dependiente o contro-
    lador en tus relaciones, ¿crees que eres impotente o incapaz?
5. ¿Puedes empezar a ver cómo proyectas tus creencias sobre el
    otro (por ejemplo, "No eres lo suficientemente bueno") cuan-
    do, en realidad, se trata de una creencia que tienes con respec-
    to a ti mismo ("No soy lo suficientemente bueno")?
6. ¿Qué crees que podrías ganar o perder por medio de la rela-
    ción? Observa tus pensamientos y creencias.
7. ¿Cómo te sentirías y cómo crees que sería tu vida sin esos pen-
    samientos y creencias?

Toma una respiración y, durante los próximos minutos, en oración, lleva la mente a soltar esos pensamientos y creencias. Habiendo visto
los pensamientos y creencias que te llevan a tener un sentimiento de
separación, ofréceselos al Espíritu Santo. Ahora, pide ayuda para ver a
tu amigo de manera diferente. Cada uno de estos pensamientos surge
de la creencia de que tú y él sois diferentes, y en realidad lo que ves
y no te gusta de él es lo que no te gusta de ti. Esa persona te salva de
la alteración que sientes en tu corazón, de esa alteración que resulta
de retener el amor que sientes hacia él. Los resentimientos contra él
ahora se ven reemplazados por conciencia y libertad. Descansa en la
espaciosidad que esta liberación te aporta. Siéntete libre de escribir o
compartir tu experiencia para fortalecerla en la conciencia.
Cuando ves y reconoces los patrones del ego, puedes distinguirlos
fácilmente cuando vuelven a reproducirse, y esto te permite elegir
de nuevo. Es el primer paso hacia el conocimiento de una intimidad
que no es de la personalidad, sino del Espíritu interno.
"El templo del Espíritu Santo no es un cuerpo, sino una relación[50]".

---

50. El templo del Espíritu Santo no es un cuerpo, sino una relación. UCDM,
T-20.VI.5:1.

Las bendiciones de la relación

A medida que pivotes hacia la sanación a través de las relaciones, te sentirás agradecido por los regalos que ofrecen. Cuando llegas al punto en el que ya no atacas ni culpas al otro, sabes que has madurado espiritualmente. Esto significa que tu conciencia se ha expandido, y has llegado a comprender que todo lo que parece estar ocurriendo fuera de ti en realidad surge de tu propia mente. Incluso en tus relaciones difíciles, ves que hay valiosas lecciones que aprender. Así, puedes empezar a preguntarte honestamente qué te muestra cada relación con respecto a tu mente. Y cuando puedas ver los patrones y las creencias que esa relación refleja, contemplarás su bendición y su potencial sanador.

No estamos destinados a depender de ninguna relación, sino a encontrar al Espíritu Santo en ella porque, en realidad, todos compartimos el mismo propósito: despertar. Poco a poco, con esta práctica nos vamos sintiendo más satisfechos, satisfechos internamente, y nuestro motivo para relacionarnos va cambiando de intentar conseguir cosas de la otra persona a ver la relación como una oportunidad de dar y colaborar de la que todo el mundo se beneficia.

Cuando estés preparado para este nuevo propósito, empezarás a pasar de las relaciones familiares y especiales del mundo a las relaciones sanadas y santas. El ego parecerá seguir acosándote, pero ahí es cuando el Espíritu siempre está disponible para ayudarte y decirte: "Has llegado hasta aquí; persevera en tu fe. Yo estoy contigo". Tu oración al Espíritu Santo se convierte en: "Dejo que Tu visión tome el sitio de mi percepción, que solo es una representación del pasado volviendo a aparecer como si todavía estuviera ocurriendo[51]".

---

51. Dejo que Tu visión tome el lugar de mi percepción, que solo es una presentación del pasado que vuelve a aparecer como si todavía estuviera ocurriendo. Las pruebas por las que pasas no son más que lecciones que aún no has aprendido que vuelven a presentarse de nuevo a fin de que,

Esto deja sitio para una nueva visión de amor que te permite volver a encontrarte con alguien de nuevo, como si fuera por primera vez, sin que las creencias del pasado se proyecten sobre esa persona.

El milagro de la relación es el tránsito del deseo de ser especial a la santidad; de la exclusividad a las experiencias de inclusión; y de la separación, el miedo y la soledad a la verdadera unión, el amor y la alegría. Es un despertar, un cambio de percepción por el que pasamos de los intereses separados de "yo", "mío" y "qué hay aquí para mí", al interés, el propósito y el objetivo compartidos. Así es como recibes bendiciones; cuanto más amor dejes que se vierta a través de ti, más consciente serás de lo poderoso que es el amor, y tus relaciones florecerán y se expandirán.

Por lo tanto, es beneficioso mantenerse abierto y honrar las relaciones que se presenten en tu camino, cualquiera que sea su aspecto inicial. Y, a medida que aprendas a usarlas de maneras verdaderamente útiles, te permitirán sanar y soltar las ganas de ser especial, y te conducirán de vuelta a Dios.

---

donde antes hiciste una elección errónea, puedas ahora hacer una mejor y escaparte así del dolor que te ocasionó lo que elegiste previamente. UCDM, T-31.VIII.3:1.

CAPÍTULO 11

DEL DESEO DE AGRADAR A LOS DEMÁS A LA VERDADERA EMPATÍA

Las relaciones especiales siempre conllevan concesiones y sacrificio. Hacemos concesiones debido al temor a que se pueda alterar el orden de las cosas. Creemos en las consecuencias, de modo que el intento de agradar a los demás se convierte en nuestro modo general de operar. Pero cuando no expresas lo que tienes en el corazón por miedo a las reacciones de los demás, la negación y la represión se van acumulando. Si solo vives para conseguir que los demás estén de acuerdo contigo o te aprueben, estás negando lo que verdaderamente sientes en cualquier situación dada.

Tal como el deseo de ser especial, el deseo de agradar a los demás es algo que hacemos cuando nos sentimos pequeños y limitados. Las palabras "lo siento" surgen con frecuencia. Alguien te toca el codo por error en medio de la multitud y dice: "Lo siento". Alguien te mira fijamente, tú lo notas, y la persona te dice: "Lo siento, lo siento". Y surge el pensamiento: "Te he mirado durante 7,2 segundos. Siento haber ido más allá del límite; ha sido rudo por mi parte mirarte tan fijamente". Es como si hubiera una disculpa gigantesca en todas partes. Esto forma parte de un condicionamiento social que hemos fabricado. Es un ejemplo de cómo intentamos adherirnos a los cuerpos y las diferencias que percibimos en ellos. Algunos dirían que es un ejemplo de ser extremadamente sensibles y no desear invadir el espacio de nadie, ni hacer nada que otra persona pudiera considerar molesto. Refleja la creencia de que tenemos que limitarnos y hacer concesiones en nuestro intento de encajar.

En el engañoso estado separado, la mente tiene mucha incertidumbre. Dado que nos identificamos como personas distintas y separadas, nuestra verdadera fuerza queda oscurecida, y es algo con lo que la mente no entra en contacto. Por lo tanto, el intento de pedir aprobación a las personas o de comportarnos de cierta manera para suavizar las cosas para los demás se convierte en una manera de gustar, y de sentirnos aceptados y aprobados. Nos sentimos bien si los demás nos aceptan. El deseo de agradar a los demás es un regateo con la realidad. El ego está buscando amor, reconocimiento y el respeto de los demás para consolidar la creencia en el pequeño yo. Esto puede adquirir muchas formas, como considerar que otros están por encima de nosotros o encubrir algunos aspectos de nosotros. Es un modo de intentar minimizar el miedo, pero sin soltarlo totalmente. Mientras estés ocupado prestando atención a las situaciones externas, será difícil encontrar estabilidad y paz mental. Si el orgullo egocéntrico y la preocupación por el yo están en un extremo del péndulo, el deseo de agradar y la preocupación por los demás están en el otro. Cuando agradamos a otros, los consideramos tan importantes que perdemos toda sensación de integridad.

Agradar a los demás es un poderoso mecanismo de defensa: mantiene bajo control la verdadera unión y las relaciones auténticas. Mantiene la separación en su lugar. Generalmente se suele reforzar como si fuera algo maravilloso. Es algo que se fomenta. Se nos educa para agradar a los demás: a nuestros padres, a nuestros parientes, a nuestros jefes, a nuestros esposos, a nuestros hijos.

El temor a expresarse y hablar claro

¿Cómo sería nuestra vida si empezáramos a expresar lo que tenemos en nuestra conciencia y dejáramos de bailar en torno a nuestros problemas, si dijéramos lo que necesitamos decir? *La Biblia* dice: "Que tu sí sea sí y tu no sea no[52]". Cuando tienes muchas ganas de agradar a la gente, eres cortés, actúas amablemente, muestras unos modales delicados y todo eso, es difícil dejar que tu sí sea sí y tu no sea no. Puedes decir sí a muchas peticiones y solicitudes, y después, en algún momento pensar: "¿A qué he accedido? Acabo de planificar toda la semana, ¡y solo quiero descansar!" Tenemos que aprender a discernir y hacer que nuestros síes y nuestros noes vengan de un lugar de integridad interno, en el que nos unimos al Espíritu Santo y seguimos Su guía. ¡Así es como nos sentiremos verdaderamente cómodos y libres del temor a las consecuencias!

Con el deseo de agradar, las capas que se van depositando sobre nosotros llegan a ser muy gruesas, hasta el punto de quedarnos congelados. Tus pensamientos y creencias inconscientes permanecen encerrados. Por más que trabajes tu capacidad de agradar, en algún momento siempre surge esa "mirada de desaprobación". Sientes una puñalada en el corazón cuando piensas que has decepcionado a alguien o que has hecho algo terriblemente equivocado. ¡La culpa!

—¿Te he decepcionado?

Y la voz de desaprobación vuelve con un:

—Sí, lo has hecho. Me siento decepcionado contigo. Pensaba cosas mejores sobre ti. Pensaba que podía confiar en ti.

Al oír estas palabras es como si retorcieran un puñal sobre tu corazón. La culpa siempre vuelve a ir a por ti. Caminas sobre cáscaras de huevos durante años, teniendo mucho cuidado de no molestar a la gente. Pasas de puntillas sobre todas esas cáscaras de huevo y de repente oyes que una se rompe. ¡Vaya! Todos tus esfuerzos por agradar tenían que ver con evitar la desaprobación y la decepción. Te has constreñido y contorsionado hasta convertirte en un pequeño *pretzel* (galleta con forma de lazo) para agradar. Pero no ha funcionado. Puedes continuar agradando durante veinte, treinta o cincuenta años

---

52. Que tu sí sea un sí y tu no un no. *Santa Biblia,* Nueva versión del Rey Jacobo, Mateo 5:37.

sin llegar a una experiencia vibrante de lo que realmente es la verdadera integridad y la unión.

En mi familia, nunca jamás hablábamos de nuestros sentimientos. Es posible que hayas escuchado el chiste: "¡Agárralo, hay un sentimiento suelto en el salón!" Hablar de nuestros sentimientos simplemente estaba más allá de los límites. Se podía hablar del tiempo, de los resultados deportivos, de quién había roto con quién o de quién estaba saliendo con quién, y de todo lo que quedaba entre medio, ¡pero nada de hablar de sentimientos! Mamá y papá nunca expresaban lo que sentían, ni siquiera se expresaban afecto. Y esto era lo que uno interiorizaba. Esto reforzaba que las relaciones son así, y que no se habla de las cosas aparentemente incómodas.

¿Por qué querríamos complacer si no tuviéramos miedo de perder las relaciones, a nuestros padres o a nuestros hijos, o nuestros empleos? ¿Por qué trataríamos de agradar a los demás? Si no tuviéramos miedo, diríamos las cosas como son; hablaríamos desde el corazón. Este es el punto de partida para liberar nuestra mente y orientarnos hacia un estado de paz constante.

Es importante reconocer tus percepciones y sentimientos porque son las avenidas que te llevan a lo que está por debajo. Pero, si estás enterrando tus auténticos sentimientos, ¿cómo vas a entrar en contacto con los pensamientos y las creencias subyacentes, y reconocerlos? (Véase la exposición sobre los niveles de la mente en el capítulo 2.)

El deseo de agradar es el "amor" sustitutorio con el que el ego reemplaza el verdadero amor. Tiene mucho que ver con intentar quedarse en la zona de confort y resistirse al cambio profundo. Por tanto, es una defensa insidiosa contra nuestro verdadero Ser. Viene del deseo de gustar. A menudo incluye la actitud de ceder ante la presión de nuestros compañeros. La codependencia es algo común. El deseo de agradar a otros viene de un contrato falso en la mente, hecho para mantener el autoconcepto y los papeles que nos resultan familiares. Es un modo de distraerte intentando encontrar el amor y el reconocimiento de los demás, en lugar de buscarlos dentro. Y solo es autoengaño.

Examinemos lo que esta tendencia a agradar a los demás encubre en la mente. Es una versión sutil de la analogía del veneno letal que describimos en el capítulo 4, en la que el ego simplemente diluye la culpa para que no notemos su presencia. De hecho, la culpa está tan diluida que agradar a los demás en realidad parece algo bueno. La gente se dedica a ello durante vidas enteras; intentan ser muy buenos en esto de agradar a los demás sin darse cuenta de que solo se trata de culpa disfrazada para que tenga buen aspecto. Cuando vives desde un concepto de ti mismo, llevas puesta una máscara y desempeñas ciertos papeles. Esto es establecer un límite sobre tu propia mente.

Si solo diriges tu vida superficialmente, sin llegar a lo que queda debajo, nunca alcanzarás la verdadera sanación. La persona dedicada a agradar a los demás reprime el resentimiento, la frustración y otras emociones al tiempo que hace lo que cree que se espera de ella. Así, esta actitud de agradar viene del deseo de percibirse a uno mismo como víctima. Es imposible seguir siendo víctima y no tener pensamientos de ataque hacia quien percibimos como victimario y, por tanto, hacia uno mismo.

El refrescante coraje de la honestidad

Ahora podemos plantearnos afrontar los desafíos del entrenamiento mental y de la observación de la mente. Podemos volvernos muy, muy honestos con respecto a nuestras motivaciones. Al examinar nuestra mente, podemos ver por qué razonamos de cierta manera, podemos notar con cuánta frecuencia respondemos al deseo de agradar a los demás, y dejar de hacer las cosas debido a las expectativas generadas. Empezaremos a ver cuándo, y tal vez también por qué, pensamos que ganamos algo al presentarnos como víctimas.

Niégate a ser una víctima de nada en este mundo, y libera a todos aquellos a los que asignas el papel de victimarios. Este es el principal interruptor que enciende la luz que hará desaparecer toda oscuridad de la mente y te recordará quién eres verdaderamente.

No tienes que llevar puesta una máscara ni esconderte detrás de ella para pretender ser feliz cuando estás enfadado. Cuando reconoces que en realidad no eres una víctima, empiezas a estar dispuesto a exponer tu máscara, este papel de persona agradable que encubre el momento presente en tu conciencia. En este proceso tienes que ser directo y honesto, y dejar que tus palabras sean guiadas cuando hables con alguien. Esto te libera.

El deseo de agradar dirige la mayoría de las interacciones en la vida cotidiana. Como tiene agarrada nuestra personalidad, nos quedamos tan encerrados en el deseo de agradar a todos, que solemos necesitar varios sobresaltos antes de darnos cuenta de lo omnipresente que es el problema. Un ejemplo es cuando empiezas a tener la experiencia de ser evitado o rechazado cuando ofreces tu conocimiento y consejo. Esto se debe a que probablemente los estás ofreciendo donde no han sido pedidos ni deseados. Podemos encontrarnos con reacciones que nos parezcan muy extrañas, en el sentido de que la gente ya no estará de acuerdo con nuestro juego de agradar. En cambio, ¡la gente empezará a reflejarnos nuestro deseo de sanar! O a la inversa, las personas que esperan que juegues a los mismos juegos reaccionarán cuando dejes de interactuar de esta manera habitual. Se trata simplemente de sucesos que se han de observar sin quedarse fijado en ellos. La necesidad de gustar viene del ego. La cortesía inspirada por el Espíritu no requiere esta aprobación de los demás, más bien te anima a que sigas la llamada de tu corazón.

El ego dice que no puedes simplemente despertar a la felicidad y a la paz porque hay otras personas con las que tienes que tratar y de las que eres responsable. El temor a decepcionar a otros está vinculado con la creencia de que tú eres alguien en el mundo, y de que formas parte de los sueños de otros. Lo cierto es que tú eres el soñador del sueño en su totalidad.

Orientarse hacia la verdadera empatía

Si le pasa algo malo a alguien, o si ese alguien está enfermo, nuestro condicionamiento hace que nos parezca normal, e incluso esperable, que empaticemos con esa persona en torno al problema percibido. Cuando llevas puesta la máscara de persona bondadosa, usas frases como: "¡Oh, eso es terrible! ¡Qué pobre! ¡No me puedo creer que te haya ocurrido eso! ¡Qué pena!" Esta conmiseración está siendo dirigida hacia algo que solo es un error de percepción. De modo que esta manera de ser "bondadoso" en realidad es un intento de dar realidad al error, de unirse en el error. Francamente, intentar comprender y decir a los demás cuánto lo sientes por ellos es otra forma de decir: "Yo estoy mejor que tú". Esto no es verdadera empatía, sino una manera falsa de unirse.

En realidad, los problemas no pueden ser entendidos. Simplemente han de verse tal como son: un pensamiento erróneo, o un error de percepción, procedentes de falsas creencias o de la culpa, por ejemplo. Tener verdadera empatía es alinearse con la verdad en tu mente y en la otra persona. Ofrece tu percepción a la interpretación del Espíritu Santo. Se trata de empezar a ver las cosas desde la perspectiva del Espíritu Santo.

La práctica de la verdadera empatía puede resultar desafiante porque se presentan muchas tentaciones. Cuando queremos enmendar o cambiar a alguien, o cuando queremos que una situación sea de cierta manera, podemos estar seguros de que hemos caído en la trampa de la falsa empatía y de agradar a los demás. Cuando hacemos esto, en realidad esperamos cambiar una circunstancia externa a fin de resolver un conflicto interno que está en nuestra propia mente.

No importa si hablas con tu madre, tu esposa o tu marido, tu hijo, el vecino, o alguien con quien te encuentres en la calle o en un restaurante. Practica el alinearte con la fuerza del amor y la verdad en ti, y permítete relacionarte con los demás desde ese lugar. Desde esta perspectiva reconocerás el amor y la verdad en el otro, lo que suele ser muy empoderador para ellos. Se sentirán seguros contigo.

Así es como construimos relaciones verdaderas y profundas. He oído decir a algunas personas que la práctica de la verdadera empatía les ayuda a encontrar amigos de verdad, amigos que están dispuestos a mirar sus propias mentes y a compartir el camino de sanación. También comparten que, a veces, los amigos que solo querían falsa empatía desaparecen de su vida.

Imagina que vives toda tu vida desde un lugar muy intuitivo y guiado, desde el que solo quieres el mayor bien para todos, lo que también incluye tu propia libertad y felicidad. Desde este lugar no pones paños calientes ni tratas de hacer que las cosas salgan bien. A veces, surgen problemas, por ejemplo en el trabajo. Hay algo que no está bien ética o moralmente, y, sin embargo, por miedo a que te despidan, te descubres haciendo ciertas cosas que van en contra de tu verdadera voluntad. Es posible que hagas las cosas porque crees que debes o deberías hacerlas en lugar de examinar detenidamente tu creencia en una autoridad externa. El miedo a que se produzcan ciertos sucesos y resultados en el futuro, junto con tus condicionamientos del pasado, dominan tu pensamiento. Has sido entrenado para vivir para el mundo externo, para agradar, para hacer las cosas bien y para tener éxito.

A medida que tu mente madure, te descubrirás empezando a cuestionar este condicionamiento y descubriendo que deseas una manera de vivir más inspirada y amorosa. Ya no querrás apaciguar el mundo externo debido al miedo. Aprender a seguir la verdadera llamada de tu corazón no agradará necesariamente a todos los habitantes del planeta, ¡pero eso no debería detenerte!

Dar desde el corazón

Lo opuesto de intentar agradar es dar de verdad. Lo que cambia es la motivación. El verdadero dar está motivado por la alegría, por un rebosar de inspiración y por el deseo de extender. Todos sabemos cómo son las cosas en las relaciones interdependientes, en las que caminas sobre una fina línea intentando mantener el equilibrio entre dar y recibir. Tienes que disipar esta idea de reciprocidad dando verdaderamente el amor que está en tu corazón sin expectativas ni excepciones.

Para ello, abandona el temor a que podrías perder algo. Suelta la creencia de que necesitas afiliaciones específicas a ciertas personas o grupos. Cuando entres en contacto con un propósito verdaderamente inspirado, es posible que las cosas se desmoronen, pero eso no te importará, pues sentirás que has crecido más allá de ellas. No tienes que intentar alargar las situaciones ni tienes que hacer concesiones, y no tienes que actuar para el público. Sigue tu pasión y tu llamada: ese intenso sentimiento con respecto a lo que tienes que dar y cómo extenderlo. Esto saca la mente de las pautas y asociaciones del pasado. Es muy liberador.

La historia de Jesús nos muestra cómo hacerlo. Jesús tenía una actitud de amor y respeto, y no intentaba agradar en absoluto. Tenía verdadera empatía y verdadera compasión[53]. Lloro cuando leo los sermones de Jesús. Lloro cuando veo cómo interactuaba con los demás seres humanos, fueran quienes fueran y con independencia de lo que pareciera que habían hecho. A todos nos conmueve cómo trató a la mujer

---

53. La historia de Jesús muestra cómo hacer esto. Jesús tenía una actitud de amor y respeto pero no intentaba quedar bien con la gente en absoluto. Solo tenía verdadera empatía y verdadera compasión. *El Libro de Urantia, Parte IV.* "La vida y enseñanzas de Jesús", 1955, Chicago, IL: Urantia Foundation.

samaritana en el pozo[54] y a la prostituta que atraparon y que iban a apedrear hasta morir[55].

La mayoría de los seres humanos recibimos muchos cumplidos y muchas críticas a lo largo de nuestra vida. Aunque Jesús vivía con los doce apóstoles, nunca dijo: "Oye, Santiago, me gusta tu corte de pelo", u "Oye, Pedro, llevas una túnica preciosa". "Oye Juan, ¿dónde has conseguido esas sandalias? ¡Son estupendas!" Nos reímos al oír esto porque esas no son las palabras de Jesús. Sin embargo, con frecuencia compramos los cumplidos y las críticas que recibimos en nuestra vida. En general, juzgamos que los cumplidos son positivos y las críticas negativas. Pero Jesús y el Espíritu Santo se alejan de ambos, y van del juicio a un estado de perfecta igualdad, a un estado de gracia.

Vemos en el mundo exactamente lo que proyectamos desde nuestra mente inconsciente. Todo lo que pensamos enseña a la totalidad del universo lo que creemos ser y lo que creemos que el universo es. Cada uno de nuestros pensamientos, cada palabra y cada acción enseñan algo. Es como si estuviéramos retransmitiendo a todo el cosmos en todo momento. La proyección produce la percepción. El mundo refleja tu conciencia. Por eso, para desmantelar el hábito de intentar agradar a los demás tienes que pasar por una purificación de la conciencia, en la que empiezas a darte cuenta de lo poderosa que es tu mente.

Jesús había pasado por esta purificación; por eso es un ejemplo. Yo lo considero una representación, una demostración del estado más elevado que podemos alcanzar en la conciencia. Jesús no luchaba ni se enzarzaba en todo tipo de

---

54. A todos nos toca cómo trató a la mujer samaritana en el pozo... *Santa Biblia,* Nueva versión del Rey Jacobo, Juan 4. (En aquel tiempo, se suponía que los judíos no debían hablar con los samaritanos.)

55. ... y la prostituta que atraparon y estaban a punto de apedrear. *Santa Biblia,* Nueva versión del Rey Jacobo, Juan 8:7 "El que esté libre de pecado entre vosotros que tire la primera piedra".

conflictos y competiciones; no comparaba ni contrastaba, ni peleaba contra nada. Él tenía una presencia que irradiaba, y este es un maravilloso ejemplo de nuestro estado mental natural de amabilidad, bondad, amistad, apertura y amor, todas las cosas que esperaríamos de una demostración viviente del Espíritu. Nosotros también podemos demostrar este amor puro en el día a día, momento a momento.

Hace años, cuando empecé a deshacerme del deseo de agradar a los demás y a practicar la verdadera empatía, me di cuenta de que contar con una guía era esencial. Entraba en profundos estados místicos durante la meditación. Entre tanto, mi madre me invitaba a cenas familiares y otras celebraciones. Generalmente era guiado a responder algo así: "Muchas gracias por pensar en mí; muchas gracias por invitarme". La gracia del Espíritu siempre estaba presente con un agradecimiento, y, a continuación: "No, no creo que vaya a ir". Y a veces incluso tomaba esta forma: "Lo decidiré en el momento. Ya te informaré". Estaba viviendo en el momento en lugar de planificar mucho. Estaba permitiéndome ser espontáneo dejando que el Espíritu Santo me guiara momento a momento. Empecé a hacer de manera más consistente lo que verdaderamente sentía en mi corazón.

Al soltar el papel de agradar a otros, entras en tu autenticidad, en tu verdadera naturaleza. Después de haber pasado el proceso de discernimiento tienes integridad. A veces vas a decir no. Tienes que decir no a tus seres queridos. ¿Estás preparado? ¿Estás dispuesto? Si realmente quieres ir más allá de las defensas del ego, más allá del intento de agradar a los demás, prepárate para decir no a tus seres queridos en función de cómo seas guiado. Y prepárate también para decir sí, tal como te sientas guiado. Cuando dices que no, deja que sea el Espíritu Santo quien lo diga a través de ti. Generalmente te saldrá algo así: "No, gracias", o "No, pero muchas gracias por preguntar". Cuando puedes decir no sintiendo gratitud en tu corazón es una preciosa expresión de amor. Estás dejando a un lado la voz del ego que insiste en que el no es malo y el sí es bueno. Nadie llega a la paz mental mientras siga intentando agradar, diciendo sí a todo. ¡El personaje de Jim Carrey en la película Dí que sí (Yes man) tuvo que aprenderlo![56]

Si estás en una situación en la que crees que has estado realizando concesiones y necesitas actuar, hazlo cuando estés en un estado de paz. Una mujer que había estado haciendo concesiones y "agradando" a su madre con ciertos comportamientos durante treinta años reconoció este mecanismo de defensa y mantuvo una charla abierta y directa con ella. El tema de la conversación fue: "No lo haré más". Inicialmente, puede parecer que este planteamiento directo produce olas, pero es el antídoto de la negación, la represión y el resentimiento.

La cortesía inspirada por el Espíritu no es el deseo de agradar a otros. De modo que cuestiona tus pensamientos y tus comportamientos, y sé consciente de tus motivos. Si estás tratando de agradar, lo sabrás por cómo te sientes. La culpa siempre está oculta en el pasado, y no puedes tener al mismo tiempo la libertad y la buena educación inducida por el ego. Nos olvidamos del momento presente y de la guía del Espíritu cuando operamos desde el deseo de agradar basado en condicionamientos del pasado. No creas que puedes aferrarte al pasado y al mismo tiempo sentirte libre e infinito. Más bien, siéntete inspirado por el Espíritu en los términos de la verdadera bondad. Desde ese lugar no tienes ni un momento de duda, y no hay ninguna palabra que se quede en la zona gris. El resultado de dejar a un lado el deseo de agradar son las relaciones auténticas, la verdadera sanación y la alegría.

Cuando hables desde el corazón y digas lo que te parezca más útil, sentirás una seguridad serena. Al hacerlo, los hábitos del pasado y los pensamientos de culpa relacionados con agradar se disolverán porque nunca formaron parte del verdadero tú.

---

56. El personaje de Jim Carrey en la película *Di que sí* tuvo que aprender esto. Director: Peyton Reed, 2008, *Yes Man,* Warner Bros. Pictures.

EJERCICIO: El miedo a la autenticidad

Trae a la mente un área de tu vida, una relación o una situación en la que sientas que llevabas puesta una máscara, o una situación en la que temías "mover el avispero". Pasa algún tiempo con tu diario reflexionando sobre lo que sientes en torno a esta situación.

1. Anota tus pensamientos y tus juicios con respecto a ti mismo o a otros. ¿Tienes expectativas con respecto a ti mismo o a otros?
2. Busca una creencia limitante con respecto a ti mismo. Ofrece ejemplos de cómo está actuando en esta situación.
3. ¿Eres capaz de ver que las creencias limitantes con respecto a ti mismo son la causa de tu hábito de agradar a la gente?
4. Anota de qué maneras te resistes a abandonar el hábito de agradar a otros y las creencias limitantes con respecto a ti mismo. ¿Qué sientes con respecto a la posibilidad de abandonar el hábito de agradar? ¿Quieres tener razón con respecto a tu manera de percibir esta situación y a ti mismo?
5. Invita a esta situación al Espíritu Santo para que te ayude a liberar cualquier sentimiento de responsabilidad o culpa que acompañen al deseo de agradar, y a abandonar cualquier expectativa con respecto a ti mismo o a otros. Si te viene espontáneo y natural, a través del diario habla con el Espíritu Santo de tu hábito de agradar y dile que estás dispuesto a soltarlo y a ser feliz.

Algunas indicaciones para deshacer el deseo de agradar

He aquí algunos pasos intermedios que te ayudarán a relajar el hábito automático de intentar agradar.

- Cuando te hagan una pregunta, en lugar de responder inmediatamente como sueles hacer, haz una pausa. Si notas presión, una actitud defensiva o falta de claridad con respecto a cómo deberías responder, date permiso para decir: "Ahora mismo no lo sé, pero me pondré en contacto contigo". Esto deja espacio para sentir la respuesta con claridad, así como para ver la motivación del ego detrás de las respuestas automáticas. La pausa deja espacio para que se revele la guía del Espíritu.

* Reza antes de establecer compromisos. Darte espacio para sentir las cosas y examinar tu motivación previamente a decir sí puede hacer que la guía del Espíritu Santo sea más clara para ti. Cuando hayas rezado para tomar una decisión, una vez tomada, mantén esa decisión y sigue con ella hasta el final.

* ¡Habla desde el corazón! Cuando compartes directamente tus pensamientos y sentimientos, nota cualquier preocupación con respecto a las reacciones de la otra persona. Date cuenta y permite que surjan tus miedos y pensamientos, como el miedo al rechazo, a herir los sentimientos de los demás, o a que te perciban como poco amistoso. Libera estos pensamientos y creencias de tu mente, y experimenta la libertad de expresar tu verdad.

A medida que vamos trabajando para soltar el hábito de agradar, vemos que es valioso para nosotros extender la verdad interna, y que en realidad no nos va a pasar nada, el cielo no nos va a caer encima. Es justo lo contrario. Cada día tenemos muchas oportunidades de prestar atención al hábito de agradar y de permitir que el Espíritu Santo nos ayude a navegar nuestra mente y el mundo que nos rodea. Cuanto más sinceramente comunicamos, más atraemos la verdadera comunicación hacia nosotros, y esto es lo que nos lleva a una experiencia que convierte el temor en libertad.

El deleite del auténtico compartir

En lugar de vivir con temor a las posibles reacciones de otros, nos volvemos auténticos y permanecemos en la integridad de la verdad. Extendemos el amor y la felicidad. Nos sentimos empoderados por el amor. Desde esta claridad, solo podemos seguir la dirección de la integridad mental, en la que todo lo que deseamos está en alineamiento con Dios, con nuestra mente recta.

Vivir la vida sin el deseo de agradar es delicioso. La duda y la preocupación desaparecen. Todo es pacífico, armonioso, tranquilo. Tiene detrás toda la fuerza, el poder y la gloria del universo. Hay una sensación de invulnerabilidad y ausencia de temor. Ya no dudas. A la vez es algo suave. ¡Es pura luz!

Alcanzar este estado merece cada pequeño paso del entrenamiento mental. Merece cada práctica de meditación. Merece cada trocito de oscuridad que parece surgir ante ti. Se merece todo porque la recompensa es inmensa: verte libre de preocupación. Estás en paz cuando no tienes ninguna preocupación y el mundo parece descansar en paz contigo. Eso merece cada instante de observación de la mente. La paz mental no es una recompensa menor, y se merece que vayas a por ella de todo corazón.

CAPÍTULO 12

COMUNICACIÓN

Aprender a vivir en el momento y abandonar el deseo de agradar a los demás tendrá un gran impacto en la calidad de tu comunicación con ellos. Cuando tu propósito es alinearte con el Espíritu, ves que muchas de tus experiencias y actividades se reordenan, renuevan y refrescan. Como estás a punto de descubrir, la sanación y la comunicación guardan una relación directa.

Cuando pensamos en la comunicación, generalmente la vemos como algo entre dos personas, entre dos cuerpos. Una forma de comunicación es sentir el toque de alguien, su abrazo o una caricia. Otra forma de comunicación es sentarse juntos a tomar una taza de té o café y mantener una charla sobre tus pensamientos y sentimientos más íntimos. Pero puedes comunicar incluso cuando la otra persona no está contigo. Tus pensamientos son poderosos, y cualquier momento en el que estás pensando en otra persona, lo estás comunicando. Es como la oración. A veces les digo a las personas que han perdido a alguien querido: "Bueno, lo cierto es que puedes seguir hablándole porque todavía está aquí. Simplemente no puedes verlo, pero sigue estando aquí". Y si tienes pensamientos de ataque hacia alguien, verás a esa persona en función de los pensamientos que tengas sobre ella. Esto puede parecer una idea muy extraña, pero es dentro de tu propio pensamiento donde tienes todas tus relaciones y tus comunicaciones. Por eso tienes que tener mucho cuidado con lo que piensas y ser consciente del tipo de relación que mantienes con tus pensamientos.

El modo de ser cada vez más consciente de tus pensamientos es prestar atención a cómo te sientes. Tus sentimientos no solo serán un indicador de adónde has dejado ir tus pensamientos, sino que tus relaciones externas también reflejarán lo que está ocurriendo en ellos. Esto se debe a que tu poderosa mente comunica todo el tiempo.

La mente es muy poderosa y jamás pierde su fuerza creativa. Nunca duerme. Está creando continuamente. Es difícil reconocer la oleada de poder que resulta de la combinación de pensamiento y creencia, la cual puede literalmente mover montañas[57].

Necesitamos tener experiencias que nos muestren que somos más que un cuerpo, y que podemos comunicar más allá del cuerpo. A veces las personas me cuentan que tienen sueños en los que pueden volar y se sienten libres. De cualquier modo que se nos dé, del modo que la atraigamos, necesitamos tener la experiencia de que somos más que un cuerpo. Hay muchas investigaciones en torno a las experiencias cercanas a la muerte y a las experiencias de salida del cuerpo, y muchos informes de personas que han estado en coma e inconscientes. Si la comunicación se basara en el cuerpo y en cierta actividad cerebral, el coma representaría un corte definitivo de la comunicación. Sin embargo, oímos una y otra vez historias de pacientes que salen del coma y dicen cosas como: "¿Por qué has contado esa historia sobre mí?" Esto muestra con claridad que la comunicación no se limita al cuerpo. Esto muestra que podemos soltar la idea de que somos impotentes e ir más allá de los límites preconcebidos que asignamos a nuestra comunicación. A veces, incluso podemos tener ex-

---

57. La mente es muy poderosa y jamás pierde su fuerza creativa. Nunca duerme. Está creando continuamente. Es difícil reconocer la oleada de poder que resulta de la combinación de pensamiento y creencia, la cual puede literalmente mover montañas. UCDM, T-2.VI.9:5-8.

periencias telepáticas. Esto funciona de manera parecida a la oración: tú envías una vibración con tus pensamientos y el universo responde a ella, y eso se refleja directamente en el mundo que te rodea. A esto me refiero cuando digo que comunicas en todo momento.

Cuanto más nos permitimos una comunicación abierta y transparente, más expandidos nos sentimos. Por lo tanto, esta es una oración muy útil al Espíritu Santo: "Por favor, muéstrame cómo usar el cuerpo y la comunicación de la mejor manera posible para expandir mi percepción". Esta percepción expandida conlleva una conexión mucho más intensa con todos y con todas las cosas.

Comulgar con el Espíritu en comunicación

El Espíritu Santo solo usa el cuerpo con un propósito: como medio de comunicación para ayudar a la mente a darse cuenta de que la verdadera comunicación tiene lugar a través del Espíritu, y de que la verdadera comunicación es con el Creador. Como la mente se ha quedado dormida y cree en la separación y en los cuerpos, el Espíritu tiene que usar aquello en lo que la mente separada cree. Por ejemplo, a lo largo del día empleas palabras al hablar y tal vez al escribir; por tanto, el Espíritu Santo te guiará por medio de palabras a fin de entrenar la mente para que vuelva a la verdadera comunión. El propósito de la comunicación inspirada por el Espíritu es ir más allá de la comunicación interpersonal hacia la comunión con el Uno.

Cuanto más practicas esto, más permites que el Espíritu se vierta sobre ti y se exprese a través de ti. Ya no te contienes. Empiezas a tener la experiencia de un diálogo interno, como si te estuvieras enseñando a ti mismo, como si no hubiera nadie más en el universo: solo tú. Solo hay una mente, pero esa única mente ha sido olvidada y parece estar fragmentada en billones de pedazos que solo conocen el pequeño yo personal.

En todo lo que hagas, permite que tu práctica sea la de ver el cuerpo y el yo personal como un medio, pero nunca como el "objetivo final". Cuando el cuerpo y la persona son el foco y se les presta demasiada atención, se convierten en el fin en lugar de ser medios. Deja que tu mente sea el fin, tu mente divina, la mente que verdaderamente eres, la mente que piensa con Dios. Todo el propósito de la vida es tener una experiencia de conexión. Deja que tu intuición se encargue. Tu ego ha estado dirigiendo las situaciones durante mucho tiempo sin llegar a lo que real y verdaderamente quieres. Ha estado esforzándose —otro objetivo, mejorar el cuerpo, otra relación—, buscando sin encontrar. Ahora puedes empezar a permitir que la mente sea el fin, y que el cuerpo sea el medio de este fin en todas las relaciones y situaciones de la vida. Puedes empezar a ver que tu cuerpo solo tiene un propósito: ser un medio de comunicación que el Espíritu puede emplear para expandir tu percepción. La sanación de la mente merece toda tu atención. Si dejas que el cuerpo sea el medio y no contienes ninguna comunicación, todo se canaliza hacia una experiencia.

Al confiar y seguir al Espíritu Santo, se te ofrece una sensación de intimidad y conexión que ya no depende de que los cuerpos estén juntos. ¿Por qué a veces nos produce una sensación tan terrible la separación de los cuerpos? La ansiedad ante la separación surge cuando crees que puede haber un corte en la comunicación. Cuando sientes que estás localizado en un cuerpo, en un punto particular del espacio, puedes sentirte muy, muy solo.

EJERCICIO: Siéntete conectado en tu comunicación

Cuando estés preparado para emprender la tarea siguiente, tómate unos minutos como siempre para calmar y aquietar tu mente. Respira varias veces profundamente recordando tu propósito de sanación e invita al Espíritu Santo a acompañarte en este proceso.

En este ejercicio vas a examinar el miedo a la comunicación. Cuando te sientas preparado para mirar dentro, abre la mente y sigue los pasos siguientes:

1. Elige una relación actual en la que estés reteniendo la comunicación. Anota cómo la retienes.
2. Identifica las situaciones en las que tienes la oportunidad de hablar y expresarte, compartir o conectar y aun así sientes que te estás conteniendo. Anótalas.
3. ¿Estás dispuesto a comunicar cómo te sientes para poder experimentar la verdadera conexión? Anota tu respuesta inmediata. Si notas alguna resistencia o vacilación, sé honesto con respecto a ello y toma notas.
4. Anota en tu diario tus pensamientos, sentimientos y creencias con respecto a ti y la otra persona, con respecto a vuestra relación. No dejes nada fuera de la exploración. Si te viene a la mente, incluye también los pensamientos sobre alguna situación específica.
5. Escribe una lista de todas las cosas que le dirías a la persona en cuestión. Para los propósitos de este ejercicio, no excluyas nada por creer que tienes que ser amable o ponerte cierta máscara, por ejemplo.
6. ¿Tienes alguna expectativa con respecto a la respuesta de la otra persona? Anótala. ¿Qué respuestas temes? ¿Qué respuestas tienes la esperanza de obtener?
7. ¿Estás dispuesto a dejar ir tus expectativas y abrirte a una nueva perspectiva? Has de saber que el medio de alcanzar la paz es soltar las expectativas. Tómate tiempo para entrar en esta indagación y anota tus observaciones en el diario.
8. Abre la mente a la luz que está detrás de tu percepción de la otra persona y recuerda tu propósito sanador. Toma una respiración profunda, da la bienvenida a un estado mental de oración y relájate. Pide guía al Espíritu con respecto a qué tienes que decir a esa persona o hacer con ella y, finalmente, entrégale esta relación.

Compartir libremente es amar

Cuando consideras prioritario seguir la inspiración del Espíritu Santo en tu corazón y mantener una comunicación plena con los demás y con Dios, las dudas y los temores empiezan a desaparecer, y las demás personas dejan de reflejártelos. Cuando tienes integridad —cuando lo que piensas, dices y haces está alineado— te sientes en paz.

Dios nos creó en la verdad y como amor; por lo tanto, esto es lo único que podemos compartir verdaderamente. Cuando estás en comunión con tu Creador, se vierten a través de ti palabras sabias y portadoras de bendiciones, que pueden estar dirigidas a las personas con las que estás o enviarse por Internet.

CAPÍTULO 13

COLABORACIÓN

La colaboración divina difiere de las relaciones especiales en todos los sentidos, pues contiene la promesa de vivir una experiencia de relación que en esencia esté libre de expectativas. Esta muestra un profundo respeto y una comprensión que trascienden los papeles que solemos desempeñar habitualmente. No quiere nada de la otra persona, pero cada individuo que participa en una relación santa colaborativa comparte algo que es profundamente nutricio y que deja a cada cual sintiéndose pleno y agradecido. Estas son las relaciones que ofrecen una experiencia de unión con algo mucho más grande.

Tareas de colaboración para alinearse más profundamente con el Espíritu

Una vez que has tomado la decisión de hacer de la sanación el objetivo de tus relaciones, el Espíritu Santo te ofrece los medios para que esto ocurra. Hay un plan divino que está disponible para nuestras relaciones interpersonales mundanas, aunque dicho plan suele estar oculto hasta que nuestras mentes alcanzan cierta madurez. El propósito de la relación colaborativa, así como de cualquier tarea de colaboración, es aprender quién eres verdaderamente con tanta profundidad como puedas.

La sanación a través de las relaciones puede presentarse de muchas formas. Algunas personas no se sienten guiadas

185

intuitivamente ni atraídas hacia una relación íntima o romántica porque tienen muchas relaciones en su vida cotidiana, en el trabajo, y con sus amigos y parientes. Podemos usar muchas formas distintas para alinearnos con el Espíritu Santo, y las relaciones de pareja pueden ser tareas importantes. Están entre los campos de entrenamiento más potentes de este mundo.

En las tareas relacionales necesitas tener la sensación de un propósito compartido, de un compromiso, que siempre está dirigido hacia la luz y la sanación. La mente inconsciente está llena de una gran cantidad de oscuridad que tiene que quedar expuesta. Tienes que atravesar la oscuridad para llegar a la luz. Puede parecer un largo y oscuro túnel, y a veces podrías preguntarte si habrá luz al final del mismo. El propósito compartido es lo que te sustenta mientras atraviesas la oscuridad para alcanzar la luz.

No siempre es evidente de manera inmediata cómo una relación puede ser verdaderamente útil. A veces, las dos personas ni siquiera son conscientes de lo importante que es que estén juntas. Las relaciones o las tareas pueden ser muy intensas. Si uno de ellos abandona la relación, el otro no debería preocuparse; la lección volverá. Se repetirá, tal vez con otra persona. Porque, cuando la preparación y la disposición están alineadas, atraemos los medios para que se presente aquello que necesitamos sanar hasta que sana. Es conveniente darse cuenta de que, como tiene miedo a su final, esto al ego no le gusta, de modo que luchará contra los medios, contra las relaciones.

Las relaciones ofrecen incontables oportunidades de colaboración. Sirven como trasfondo para juntarse. Las relaciones de colaboración con un propósito sanador tienen dos cualidades: no están definidas y son guiadas. Estas cualidades no son típicas de las relaciones de este mundo.

El ego siente mucho miedo de este aspecto "no definido", pero es un punto de entrada esencial. La apertura es una de las principales puertas de acceso a la relación santa y, por tanto, a la libertad. Una relación no definida consiste en estar dispuesto a mantenerse abierto, a simplemente estar presente.

Por eso las relaciones de colaboración no tienen la rigidez, las expectativas y las exigencias de las relaciones lineales y especiales (basadas en el tiempo). Cuando la relación no está definida, no tiene una estructura ni un programa establecidos. No hay un modelo que la relación tenga que satisfacer. No hay un papel que se tenga que imitar. Nunca tienes que dedicar ningún pensamiento a cómo hacer feliz al otro ni a cómo mantener viva la relación. Imagina cómo sería eso.

El aspecto "guiada" es muy importante, porque así es como puede ser usada por el Espíritu Santo para la sanación y el bien más alto. La relación está dedicada a un propósito más elevado y no tiene un objetivo en la forma. De hecho, tú no sabes qué resultado es mejor ni cómo lograrlo. Por tanto, es esencial dejar espacio al Espíritu para evidenciarlo. La relación de colaboración contiene una inspiración y un acuerdo de que sus miembros van a ser usados conjuntamente de alguna manera útil que beneficie la sanación de la mente, y por lo tanto que bendiga a la totalidad del universo.

Oponiéndose a la idea de la tarea colaborativa para la sanación, el ego dice básicamente: "Distráete, usa los entretenimientos y fantasías, y olvida el compromiso con una práctica de entrenamiento mental o colaboración. Vive la vida porque de todos modos vas a morir". El Espíritu Santo dice que hay mucho más que eso. Cuando alcanzas cierta etapa de madurez, puedes ser guiado a realizar tareas más largas o más cortas. Incluso es posible que tengas relaciones que duren toda la vida, en las que el equilibrio entre enseñanza y aprendizaje sea perfecto. Y, si decides aprenderla, la lección perfecta se extenderá ante ti y podrá ser aprendida[58]. Esto es muy optimista. A nivel espiritual, dos personas se ven atraídas a juntarse debido a este equilibrio entre enseñanza y aprendizaje, y habrá incontables oportunidades de aprender la lección. Cuando esto ocurre, ¡merece la pena quedarse ahí!

---

58. Y, si decides aprenderlo, se presenta ante ti la lección perfecta para que pueda ser aprendido. UCDM, M-3.5:6.

El poder de unirse

La experiencia de unión colaborativa es una experiencia de estar conectados en la mente. Es una experiencia de estar profundamente unidos en un propósito compartido: la sanación y el perdón de las ilusiones. Estar en una relación de colaboración puede parecerse un poco a participar en un programa de los doce pasos, en el que tienes a un padrino. El padrino es un hermano o hermana en quien confías y sientes que puedes unirte a él para tomar decisiones; esta unión te muestra el camino o te guía. Cuando te vinculas mentalmente con otros para compartir una decisión, estás abierto a preguntar y a que se te muestre la dirección. No estás operando desde un punto en el que piensas que ya sabes, en el que crees que no tienes que unirte ni que escuchar. Las cosas que antes no estaban claras siempre se aclaran mediante la unión y la comunicación abierta. No se trata necesariamente de que los demás sepan más que tú. En realidad nadie sabe. La unión es la que es muy poderosa y deja clara la dirección. El enfoque es distinto de cuando simplemente intentamos conseguir cosas. Después de un tiempo, esta unión se interioriza hasta tal punto que te vuelves verdaderamente humilde y te relajas en un estado de escucha interna, de fluir y seguir la guía.

En el mundo del ego, la personalidad y la perspectiva personal son la base de todo. Es algo pegajoso, lioso, incómodo. Va acompañado de un bajo nivel de ansiedad subyacente que puede aumentar en función de lo que hagas. Pero tus santos compañeros, tus amigos en este propósito, se te muestran como símbolos de apoyo y de amor, y te dicen: "Hagamos este viaje juntos. Recordemos quiénes somos verdaderamente. Que se nos muestre nuestra plenitud. No nos dejemos tentar por la depresión". Hay mucho más esperando más allá del desmantelamiento del ego.

Hay una inmensa sensación de libertad que acompaña a las conexiones y las colaboraciones vibracionales. Al estar conectado con el Espíritu, te sientes libre. No te sientes ligado al mundo. Tu mente no está pensando: "¿Cómo voy a sobrevivir?", "¿Qué me ocurrirá mañana?", o "¿Cómo voy a lidiar con esto y con aquello?", las cosas típicas en las que se enfoca la mente del ego. En la colaboración santa, tu mente es elevada a un reino que está por encima de esas dudas, temores y preocupaciones, y tu espíritu emana desde este lugar más elevado. ¡Es divino!

EJERCICIO: Despejar el camino para la colaboración

Siéntate en silencio y permite que brote a tu conciencia una relación actual. Puedes usar cualquier relación que te venga. Puedes repetir este ejercicio todas las veces que quieras y con cualquiera de tus relaciones. Usa el diario para responder a las preguntas siguientes:

1. ¿Cómo defines el papel que desempeñas en esta relación? Algunos ejemplos pueden ser: novia, marido, amigo, madre, abuelo o jefe. Incluye las expectativas que tienes con respecto a ti mismo en ese papel.

2. ¿Qué importancia tiene que te definas en función de este papel? Anota cualquier pensamiento que cruce tu mente, como: "Es mi identidad. Me sentiría perdido sin esto. He trabajado duro para llegar aquí. He demostrado mi valía. Otros dependen de que yo les sostenga".

3. ¿Qué papeles has asignado a la otra persona en esta relación, y qué expectativas tienes con respecto a ella? Por ejemplo, "Espero que mi marido provea para mí y para nuestra familia, y que me ame como esposa. Espero que mi hermana me apoye y esté siempre de acuerdo conmigo".

4. ¿Hay algún vínculo entre los distintos roles que os habéis asignado a vosotros dos y tus expectativas con respecto a la relación? Descríbelo en tu diario.

5. Finalmente, en tu definición de la relación (matrimonio, amistad, compañeros de trabajo u otro acuerdo), pregúntate: ¿Cómo hace esta definición que encajemos donde estamos? Anota lo que sientes con respecto a esto.

6. ¿Se adhiere esta definición de la relación a los estándares sociales o culturales y al pensamiento del pasado? Anota cuáles son esos estándares, y tus pensamientos y asociaciones en torno a ellos.

Ahora, deja el bolígrafo e imagínate amablemente a ti mismo en esa misma relación, pero sin las expectativas que has identificado. Deja que cualquier sentimiento que puedas tener con respecto a dejar la relación tal como ahora la ves salga a la superficie. Tómate tu tiempo para permitirte sentir que esto es útil y relajante.
Ahora es el momento de hacer una promesa o una oración para la sanación:

Espíritu Santo, ayúdame a expandir mi visión de esta relación para que pueda darme cuenta de nuestra naturaleza compartida, que es inocencia, paz y amor. Muéstrame, incluso de maneras menores, que Tú provees el milagro que busco en todas mis relaciones. Guíame para que pueda ser verdaderamente feliz.

Amén.

Solo hace falta un poco de buena voluntad, de modo que te animo a contemplar tu relación desde fuera de los parámetros del pasado y en función de su propósito. Permítete la experiencia de entregar la relación con el propósito de que sea sanada. Puedes sentir incomodidad al tratar de cambiar los antiguos hábitos en tu manera de relacionarte con otros. El mayor cambio que te invito a realizar es el cambio en tu mente. Permítete cambiar la dirección de tu pensamiento, y esto se reflejará en tus relaciones.

Un propósito de colaboración

En tu círculo de relaciones puede haber muchas personas que no sean capaces de escuchar tu deseo de ahondar y sanar. Lo importante es que te permitas examinar tus preocupaciones y que dejes que el miedo salga de dentro para ser liberado. Recuerda que todas tus preocupaciones e incomodidades proceden del temor del ego al amor. De modo que disponer de este contexto más amplio para practicar las sugerencias que te he ofrecido puede facilitar el proceso, y dejar sitio para que surjan la imperfección y los temores. Permite que la alegría del viaje y las cosquillas que la curación produce en tu corazón guíen el camino.

Cuanto más practiques la presencia y mantengas en primer plano el propósito del Espíritu Santo, más empezarás a atraer testigos de este nuevo propósito. ¡Las relaciones y la colaboración podrían adquirir un significado totalmente nuevo! Esto puede ocurrir con antiguos amigos que están preparados para expandirse contigo, o con otros nuevos que lleguen a tu vida como reflejo de tu nuevo propósito. En realidad, solo hace falta práctica. No importa cuánto tiempo hayas estado en el camino espiritual; lo importante es estar dispuesto a dar los pasos, a practicar los principios, y a invitar y permitir las colaboraciones sanadoras.

No es necesario que creas plenamente en estas prácticas ni que les des la bienvenida. Al usarlas es cuando comprobarás que son verdad. Esto es poderoso. Ponemos un enorme énfasis en la aplicación práctica. No te sientas descorazonado si ves que te resistes al impulso hacia el amor incondicional que surge en estas "nuevas" relaciones. El ego se siente extremadamente amenazado por este impulso hacia el amor incondicional, hacia el ágape. Al alinearte con el propósito de amor y alegría, puedes estar seguro de que surgirá un flujo de milagros que disolverá de manera natural todos los pensamientos y temores inútiles.

CAPÍTULO 14

RELACIÓN SANTA

El hecho de encontrarte en la Tierra viene acompañado de la creencia de que pudiste abandonar a Dios y existir en una tierra muy lejana, que es muy extraña y muy diferente del Hogar. A veces es posible que te sientas atrapado en tierra de nadie. Estás en medio, estás a medio camino de esta transformación y no te sientes estable. No te parece consistente. No te resulta armoniosa. Parece agitada, como si se estuviera produciendo una gran reorientación, y tú estás atrapado justo en medio de ella. Ahí es cuando te sientes agradecido de tener un compañero o una pareja, y puedes decir: "Ahí vamos; otro día de este proceso de sanación. Comprometámonos con el propósito, ¡y estaremos preparados para cualquier cosa que se presente!"

Si mantienes una relación con alguien especial, a medida que fortalezcas el compromiso de sanar tu mente, es posible que sientas que tu relación empieza a transformarse y a cambiar conforme te alineas y te abres al Espíritu. Básicamente, la relación está abandonando su anterior objetivo, que tal vez fuera la gratificación, a favor del objetivo de paz mental. En esta experiencia las relaciones se hacen menos personales y más abarcantes. En otras palabras, el tránsito de la relación especial a la relación santa guarda relación directa con el cambio del propósito especial, distinto y separado, al propósito santo en tu mente. La decisión a favor de la santidad o de la relación santa viene de dentro, y se refleja como un propósito profundamente sentido en cada encuentro y situación. Entrar en la relación santa significa encontrar un significado más profundo en la quietud mental. Te sentirás feliz porque experimentarás el significado del momento presente y el milagro que es tu esencia. Este es el nacimiento y el ser de tu Ser.

Hasta que alcanzas esta autorrealización más alta, las personas de tu vida solo son creencias concretadas, que representan las partes no sanadas de tu mente. A veces, las interacciones pueden parecer disfuncionales, con mucha ocultación y mucho deseo de agradar a los demás. Por eso necesitas amigos que te apoyen y compañeros santos. A medida que avanzas, después de mucho trabajo y limpieza internos, transitas hacia la relación santa. Desde allí empezarás a atraer cada vez más y más testigos de tu mente sanada y del creciente amor en tu corazón. Atraerás conexiones vibracionales.

Imagina que te unes con alguien, o con un grupo de gente, quienes después de tú sincerarte y abrir tu corazón, simplemente te preguntan: "¿Qué es lo que quieres?" Imagina que pides consejo o ayuda, y ellos vuelven a orientarte hacia el deseo de tu corazón en lugar de decirte qué deberías hacer. Esto es como decirte: "Te quiero. Te quiero. Te quiero total e incondicionalmente. Ahora, ¿qué quieres? Te amaba antes de tu decisión y te amaré después de ella". Permitir a alguien tomar una decisión y amarle más allá de lo que esa decisión sea es una preciosa expresión de amor. Estas relaciones son el comienzo del deshacimiento de la relación lineal y especial. Son sanadoras debido a su propósito. Tu llamada interna hacia la relación santa alineará la totalidad de tu vida con este propósito. Esta es una invitación para todos: unámonos juntos en una relación de gran confianza para que podamos oír las respuestas que el Espíritu Santo nos ofrece libremente.

Invitar al Espíritu Santo a las relaciones

La relación santa nace de la liberación de las capas de oscuridad que están escondidas debajo de la superficie de nuestra conciencia. La manera más rápida de transformar una relación especial en una relación santa y de despertar al sueño feliz es una combinación de silencio y relación comprometida.

El silencio se halla mediante breves y amplios periodos de contemplación y oración o meditación, de momentos tranquilos en los que eres capaz de ir profundamente dentro, expandirte en Espíritu y mirar tus pensamientos y creencias. Esto, en combinación con una relación comprometida, dedicada al perdón y la comunicación, es el camino más rápido hacia la paz mental y la iluminación. Es una manera rápida, poderosa, alentadora y a veces intensa de atravesar la oscuridad y llegar a la luz interna. Es de gran ayuda recordar que en realidad no importa el aspecto que el perdón y la sanación tengan en la forma; se trata más de para qué quieres que sea la relación, qué propósito le das. Cuando se entrega la relación para que sirva al propósito del Espíritu Santo en lugar de al del ego, la sanación puede ser muy rápida. La relación santa es un medio de ahorrar tiempo para ti y para la totalidad del universo[59].

La transición del especialismo a la santidad dará como resultado un desmantelamiento gradual del ego que vendrá de tu elección a favor de la paz: elegir este momento presente en lugar de ser especial. Se trata de ser honesto con uno mismo. Siempre es de gran ayuda tomarse tiempo para hacer una pausa y recordar el propósito de la relación. Cuando tu mente esté preparada, invitarás inevitablemente al Espíritu Santo a entrar en la relación. Y una vez que entra el Espíritu Santo, puede volverse temporalmente muy intensa. Esto se debe a que invitar al Espíritu Santo es pedir que se produzca una purificación, alinear la relación con el verdadero amor. La razón por la que la relación puede intensificarse es que al ego no le gusta el nuevo propósito. El ego dio a la relación el antiguo propósito de gratificación personal, dependencia, o conseguir algo del otro, que quiere usar para mantenerse a sí mismo. Cuando invitas al

---

59. La relación santa es un medio de ahorrar tiempo para ti mismo y para la totalidad del universo. UCDM, T-18.VIII.5:2-3.

Espíritu Santo, te desenchufas de todo lo que no es verdadero amor, y si la relación tiene hábitos profundamente enraizados que no están alienados con el propósito del Espíritu, todos sus fundamentos empezarán a tambalearse y temblar. En esta fase es importante mantener la confianza. Tienes que dejar que el Espíritu Santo haga el trabajo aunque sientas la tentación de rendirte. En este periodo es de ayuda estar en contacto con tus sentimientos y estar dispuesto a hablar de ellos. Cuando cambias del ataque al amor, este se extiende y vuelve a ti. Solo hace falta estar dispuesto a practicar. No dejes que el ego te disuada.

Todas las relaciones, incluso aquellas en las que ha entrado el odio, pueden convertirse y se convertirán en relaciones santas o sagradas cuando se las entregues al Espíritu Santo. Solo en esa entrega compartís el mismo propósito y tenéis verdaderamente una relación. A partir de ese punto, tu alineamiento con el Espíritu creará un espacio para la comunicación abierta y libre de juicio, un lugar seguro donde dejarás de esconderte y de proteger tus sentimientos. Tendrás una comunicación honesta, una manera más profunda de comunicarte que se hará cada vez más consistente.

Ver la verdad de Cristo en el otro

Las dificultades recurrentes, tal vez los agravios o las intenciones ocultas, o el sentimiento de miedo y tensión en torno a otra persona se producen porque has olvidado la verdad con respecto a ella, y también has olvidado la verdad con respecto a ti mismo. Cuando interactúas con un hermano o hablas con una hermana, recuerda que lo que dices es lo que más necesitas oír. ¿Eres amable al hablar con tu hermano o hermana porque ves la verdad en ellos? No se trata tanto de las palabras; lo que quieres es el amor y la amabilidad del Espíritu. Esto es lo que puedes ofrecer a cada hermano con el que te encuentras y a cada hermana en la que piensas.

Cristo es el Hijo de Dios tal como Él lo creó. Él es el Ser que compartimos, que nos une a unos con otros y también con Dios. Él es el Pensamiento que todavía reside en la Mente que es su Fuente. No ha abandonado Su santo hogar ni ha perdido la inocencia en la que fue creado. Habita para siempre y sin cambio en la Mente de Dios[60].

La madre Teresa enseñó esto mismo[61]. Ella pedía a sus seguidores que vieran el rostro de Cristo en cada persona a la que miraran. Cuando oí esto, pensé: "Ella estaba enseñando la relación santa". Ella dejaba claro que este es el único propósito de las relaciones y creía que la relación santa es un compromiso total, momento a momento. Enseñó la relación santa a través de la percepción sanada y del servicio. No se trata de practicar ciertos comportamientos, sino de ver el rostro de Cristo en cada persona con la que uno se encuentra y de seguir la guía del Espíritu.

También puedes considerar la relación santa como una relación entre el Espíritu Santo y tú. El punto de auténtica espiritualidad, de relación santa, es descubrir el ahora, lo eterno y el poder del momento presente, que es la puerta a la eternidad. La relación santa no toma una forma específica y, por tanto, no llegará un momento en el que mirarás al mundo que te rodea y dirás: "Vaya, por fin he llegado a la relación santa y tiene el aspecto que esperaba". Más bien, se trata de un estado mental glorioso, un estado libre de juicio. Imagina lo aquietada que estaría tu mente si estuvieses en un estado de completo descanso, en el que percibes a tu pareja y a todos

---

60. Cristo es el Hijo de Dios tal como Él lo creó. Cristo es el Ser que compartimos y que nos une a unos con otros, y también con Dios. Es el Pensamiento que todavía mora en la Mente que es Su Fuente. No ha abandonado Su santo hogar ni ha perdido la inocencia en la que fue creado. Mora inmutable para siempre en la Mente de Dios. UCDM, L-pII.6:1.

61. Madre Teresa enseñó esto. Jeanette Petire y Ann Petrie, directoras, 1986, Mother Theresa, Burlingame, CA: Red Rose Gallerie.

los demás desde un lugar de completa ausencia de juicio, en el que no tienes ninguna opinión con respecto a ellos. Este alineamiento y comprensión de la relación conduce a una poderosa conexión y a una experiencia de santidad.

EJERCICIO: Descubrir los milagros en las relaciones

Para escuchar una versión grabada de este ejercicio y de la oración, ve a http://newharbinger.com/41870.

Se produce una tremenda liberación y una profunda paz cuando te encuentras contigo mismo y con tus hermanos en una completa ausencia de juicios[62]. El milagro existe en cada relación, a cada momento. Para revelar el milagro debes eliminar el obstáculo que lo oculta. Este obstáculo, que se alza entre tú y los demás, es una brecha causada por una falta de comunicación con otras personas o con el Espíritu Santo. La falta de comunicación se forma a partir de los juicios, de los agravios, del culpar, del dolor, del enfado y de todas las demás emociones que están al servicio del ego. En último término, se forma por la creencia en la separación. Tú eres el único que refuerza la capacidad del ego de separarte de los demás cuando sientes un agravio y lo mantienes. Si haces este ejercicio de dos partes con atención y buena disposición podrás retirar el obstáculo, que fue erigido por el ego, y liberarte, liberar tu relación y liberar a todos de la oscuridad para revelar la luz del milagro.

Vas a practicar el ver este obstáculo como una petición de amor. Así es como lo ves con el Espíritu Santo.

Primera parte. Rezar por una percepción unificada

Date el tiempo suficiente para entrar silenciosamente dentro de ti con esta oración. Puedes leerla en voz alta, hacer una pausa para contemplarla, copiarla en tu diario o colgarla en el frigorífico a modo de recordatorio. Puedes repetir esta oración con tanta frecuencia

---

62. No tienes idea del tremendo alivio y de la profunda paz que resultan de estar con tus hermanos o contigo mismo sin emitir juicios de ninguna clase. UCDM, T-3.VI.3:1.

como desees para enfocar la atención en el deseo de tener la experiencia de unión. Reza para tener la experiencia de estas palabras.

Mi hermano, mi hermana y yo somos lo mismo.
Estoy agradecido de que me sirvan de espejo
para ver los pensamientos no sanados que tengo en mi mente.
Deseo ver más allá de todas las diferencias,
la verdad de quiénes somos.

Esta oración te ofrece vislumbrar la naturaleza del milagro y del cambio transformador que se produce en la mente: del especialismo a la santidad. La belleza y validez de esta nueva y fresca experiencia serán incuestionables. Te estás abriendo al milagro de liberar al otro y de liberarte a ti mismo del especialismo, y te darás cuenta de que tu identidad está mucho más allá del ego y es mucho más expansiva que los pensamientos que te retenían.

Segunda parte. Contemplar la unión

Es posible que ahora sientas la petición de amor en ti o en tu pareja y que notes que te suavizas por dentro. Ábrete a la llamada del amor que hace la mente. Cuando llevas aquello que te irrita ante la luz del amor, tu relación se convierte en un camino de curación.

Trae una relación a tu mente y dedica unos minutos a anotar en tu diario las diferencias de las que seas consciente entre tú y la otra persona. Toma conciencia de que percibes una brecha o separación. Ahora ponte cómodo, respira profundamente unas cuantas veces y reflexiona sobre lo siguiente:

"Allí donde dos o más están reunidos, allí YO SOY.[63]" Cuando nos unimos con alguien en un propósito, la presencia del Espíritu está con nosotros. En este reconocimiento se deshacen todos los conceptos personales, como la competición, el éxito, la reciprocidad, la ganancia personal y el orgullo. El objetivo de la relación santa es soltar los intereses individuales en beneficio de la totalidad, de la mente una.

---

63. Donde dos o más están reunidos, allí YO SOY. *Santa Biblia,* Nueva versión del Rey Jacobo, Mateo 18:20.

Para hacer esta parte del ejercicio, me gustaría que estuvieras dispuesto a ver, aunque solo sea por un momento, que tu objetivo y el objetivo de tu pareja es el mismo, que no hay diferencia. Entra dentro y permite que tu mente se hunda más allá de los pensamientos distractores hasta el espacio limpio y lleno de luz en el que puedes dar la bienvenida a esta idea. Tómate todo el tiempo que necesites para contemplar y experimentar el significado de esta idea profunda.

"Es posible, incluso en el nivel de encuentro más fortuito, que dos personas pierdan de vista sus intereses separados aunque solo sea por un instante. Ese instante será suficiente. La salvación ha llegado[64]". Verte a ti mismo y a tu pareja inocentes, con el mismo propósito central, es ver más allá de todas las aparentes diferencias. El camino consiste en ir más allá de todos los conceptos de ataque, defensa e intereses separados hacia la dicha y la alegría de esta libertad, y venir a Dios con las manos totalmente vacías[65].

Un mecanismo para vivir milagros

Estar en una relación santa es estar completamente presente, sin que se inmiscuyan los pensamientos del pasado. La relación santa fluye libremente y es abierta, está libre de expectativas y límites, y también del motivo del ego que es conseguir cosas. Por lo tanto, está libre de la creencia en la reciprocidad. En la relación santa hay una sensación de respeto, una sensación de confianza. No necesitas desempeñar un papel especial ni estar en un monasterio budista para permitir la relación santa. Más bien, se trata de elevar el propósito en la mente, y esto puede ocurrir en cualquier lugar y con cual-

---

64. Es posible, incluso en el nivel de encuentro más fortuito, que dos personas pierdan de vista sus intereses separados aunque solo sea por un instante. Ese instante será suficiente. La salvación ha llegado. UCDM, M-3.2:6-8.

65. El camino es ir más allá de todos los conceptos de ataque y defensa, y de intereses separados hacia la bendición y la alegría de esta libertad, y venir con las manos completamente vacías a Dios. UCDM, L-pl.189.7:5

quiera. Puede experimentarse en un breve encuentro en el supermercado o en una relación prolongada con un familiar o amigo.

La esencia de la relación santa es una experiencia de unión que incluye una comunicación plena y abierta en la que no hay nada oculto. La comunicación abierta convierte las relaciones en un maravilloso mecanismo para inspirar, bendecir y ayudarnos a recordar la verdad de quiénes somos realmente. Esta es la experiencia más gloriosa. El ego fabricó cuerpos y relaciones interpersonales como sustitutos de la comunicación abierta y total. En consecuencia, tenemos relaciones egóicas basadas en el temor, la carencia y la escasez, que no nos llevan a la verdad. Así, cuando volvemos a la comunicación abierta, es como una comunión, como la conciencia telepática del amor, como una danza feliz. La relación santa es un símbolo que solo se usa para reflejar la divinidad del amor de Dios.

Cuando entregas las situaciones y las relaciones de tu vida al Espíritu Santo y le permites que las use para un propósito santo, se produce una gran sensación de realización. En tus relaciones íntimas y en los encuentros diarios lo mejor que puedes hacer es tomar una pausa para plantearte estas preguntas: "¿Para qué es esto? ¿Cómo puede esta relación o encuentro elevar más mi mente?" Puedes orar: "¿Estoy ahora dispuesto a entregar esta relación o encuentro a Ti, Dios mío? Por favor, enséñame cómo puedo hacerlo". Usa esta oración para entrar en contacto con tus verdaderos sentimientos y aprende a ser transparente con quien tienes delante de ti. ¡Y aprende a escuchar! Entonces, cada relación se convierte en una oportunidad de extender y en un modo de cumplir tu función. Esto hará que la relación sea extremadamente satisfactoria y tenga un propósito muy claro, ¡y esto es milagroso!

Cuarta parte

SER EL MILAGRO

CAPÍTULO 15

SANACIÓN

Todas las formas de enfermedad, sin excepción, tienen su origen en la idea de que podríamos estar separados de nuestra Fuente. Este es el pensamiento de ataque original. Pero lo cierto es que nuestra Fuente no podría haber creado la enfermedad. Crees que toda la gloria del Reino de Dios o del nirvana podría decir: "Oh, sí, vamos a añadir un poco de enfermedad a la mezcla. Es perfecta tal como es, ¡pero vamos a darle un poco de contraste!" Ni lo haría ni podría hacerlo. Creo que la mayoría de la gente, a un nivel profundo, siente que en la enfermedad se está produciendo algún tipo de truco. Este capítulo te enseñará que, cuando empiezas a sintonizar con ese conocimiento intuitivo y te das cuenta del poder de tu mente, ves que tienes la capacidad dentro de ti: el poder de sanar, de estar sano y bien, y de sentirte pacífico, alegre y feliz. La experiencia de la enfermedad corporal, entonces, puede ser una fuerte llamada y un incentivo para entrar dentro y, con la ayuda del Espíritu Santo, ver las cosas de manera diferente.

La verdadera sanación es equiparable a la paz mental

Como todo es conciencia, en realidad todo lo que vemos y experimentamos solo está ocurriendo en la mente. Al principio esto puede resultar sorprendente, incluso chocante, pero lo que llamamos síntomas físicos corporales en realidad son pensamientos creados en la mente. En otras palabras, al igual que el mundo entero, nuestro cuerpo solo es una proyección. Esto nos lleva a la conclusión natural de que todo lo que rodea a la enfermedad —síntomas, diferentes enfermedades, dolor y sufrimiento— no es más que una proyección de la mente.

Estamos recibiendo más claves e indicaciones de que las cosas no son lo que parecen, incluso dentro del campo de la medicina. Hay muchos estudios de investigación con respecto al poder de la mente sobre la materia, y con respecto al poder de la fe, la oración y la creencia. Los médicos están recetando placebos y consiguiendo resultados. Todo esto nos aleja de la idea de que cualquier cosa en la forma tiene un efecto causativo sobre el cuerpo. Esto apunta al poder de la mente.

Cuando empezamos a observar nuestros pensamientos, vamos descubriendo que hay ciertos patrones y creencias que nos conducen a la paz mental. Descubrimos que no nos sentimos bien cuando nos quejamos y juzgamos a otros. Al mirar más hondo descubrimos que, en realidad, son los juicios mentales los que nos causan síntomas y enfermedades.

Podemos sentirnos desilusionados cuando no se produce la sanación. Esto se debe a que hemos identificado el problema en la forma en lugar de en nuestro pensamiento: solo nos dedicamos a arreglar los síntomas, a cambiar el estado corporal o a cambiar algo en nuestro entorno. Pero la enfermedad no viene de los gérmenes ni de los virus. La enfermedad no viene de las cosas del mundo. La enfermedad es una proyección de nuestros pensamientos de ataque. En primer lugar, proyectamos nuestros pensamientos de ataque sobre el cuerpo; y a continuación damos un nombre, como cáncer o gripe, al efecto de estos pensamientos de ataque.

Si buscas la causa de la enfermedad o su solución en el cuerpo o en el mundo, estarás intentando solventar lo que en realidad es un conflicto en la mente mediante el cambio de las circunstancias externas. Y este es el gran engaño. Cuando te das cuenta de que las circunstancias externas no te ofrecen una solución duradera, harás un cambio y dirás: "¡Ya no voy a seguir jugando a este juego! Voy a dejar de buscar las causas de las enfermedades en el mundo y en el cuerpo". A veces tenemos que pasar por el aula de los golpes duros antes de estar dispuestos a escuchar que tenemos que mirar dentro. No podemos limitarnos a decir: "Bueno, una opción es mirar dentro". Es absolutamente crucial para nuestra paz mental y nuestro bienestar que miremos dentro. No hay otra manera de sanar. Ni siquiera hay un "Dios" externo al que rezar y que pueda arreglarlo para ti. En lugar de intentar rezar a "papá" en el cielo y esperar que nos escuche —que es más o menos lo que ha venido ocurriendo durante milenios—, tenemos que ir mucho más allá de las esperanzas e intentos de pedir la curación al hombre de la barba blanca sobre las nubes, a un Dios externo. Más bien, cuando queramos sanar, tendremos que entrar profundamente en la mente para liberar el pensamiento original de ataque. ¡Este es el único camino hacia la curación!

La gente que me ha oído decir que la enfermedad es una decisión piensa que es extraño que alguien en su sano juicio elija estar enfermo. Y esto es correcto. ¡Nadie en su sano juicio elegiría estar enfermo! Simplemente la enfermedad es una decisión de la mente errónea. Y así, es evidente que esta decisión tiene que quedar expuesta y ser liberada. La metafísica que está detrás de la enfermedad se puede explicar de esta manera: como creemos que nos hemos ido de nuestro hogar en el Cielo y nos hemos separado de Dios, pensamos que puede estar esperándonos algún castigo, o venganza, o algún precio que pagar. Este miedo a la venganza de Dios es inconsciente. Debido a él, y a que no somos conscientes de que lo único que nos puede herir son nuestros propios pensamientos, la mente tiene miedo de sanar, y por eso enferma[66]. Está diciendo: "El cuerpo es real; es mi identidad". Este miedo fortalece nuestra creencia de que nuestra identidad está en el cuerpo en lugar de en la mente.

---

66. Debido a esto, y a no ser consciente de la verdad de que "solo mis pensamientos pueden hacerme daño", la mente tiene miedo de la sanación y por eso se enferma. UCDM, L.pII.281

El mundo perceptual es el anillo externo de los niveles de la mente (como se muestra en la ilustración del capítulo 2). Aquí es donde se halla nuestra percepción de la enfermedad. Si percibimos un síntoma, nos duele un dedo del pie, por ejemplo, y gastamos mucho dinero y dedicamos esfuerzos y recursos a abordar esta cuestión —podemos haber estado enfocados en encontrar una solución para el dedo durante años—, estamos buscando la curación en el lugar equivocado. Estamos buscando en el reino perceptual externo. Lo que realmente tenemos que hacer, en primer lugar, es dejar de enfocarnos en el dedo. El dedo y el dolor en el dedo son un efecto. La mente está mal dirigida cuando se enfoca únicamente en el efecto. Tenemos que retirar la atención del dedo y abrirnos a la conciencia de que el problema no tiene nada que ver con lo específico: el dolor o el dedo. El problema es perceptual. Es posible que necesitemos convencimiento para darnos cuenta de esto, y tendremos que recordárnoslo una y otra vez, y entrenar nuestra mente para retirar la atención de los efectos. Hacemos esto dando un paso atrás con respecto a nuestra percepción actual y entrenando nuestra mente para descubrir y darnos cuenta de la verdadera causa del problema: la creencia en la separación. Esta es la única opción real y duradera de encontrar alivio. Se trata de reencuadrar el problema desde la percepción, y dar un paso atrás para ver que es mucho más profundo que eso. En realidad, el dedo solo es un efecto mínimo del problema real.

La enfermedad es un agravio

En otras palabras, la enfermedad es un pensamiento de la mente errónea. Es un agravio, y solo el perdón remedia un agravio. Dicho agravio yace mucho, mucho más profundo que los síntomas superficiales de los que eres consciente. De hecho, probablemente el agravio ni siquiera parece tener ninguna conexión clara o evidente con el síntoma. Es posible que no lo entiendas conscientemente, pero empezarás a sentir el impulso de ir mucho, mucho más profundo y de empezar a dar la bienvenida a lo que es inconsciente a tu conciencia. Y realmente este es un momento de alegría. No es el momento de pensar que no has conseguido encontrar una solución para ese síntoma específico. Es un momento para alegrarte de que estés llegando al punto en el que quieres mirar mucho más profundamente dentro. De modo que, en lugar de buscar el alivio de los síntomas, empiezas a buscar el alivio del problema perceptual. ¡Esta es una gran diferencia! Es un alivio dejar de intentar curar un dedo, y enfocarte en cambio en los pensamientos inconscientes de la mente errónea que han proyectado el dedo dolorido: la historia de cómo ocurrió, tu situación de vida en general, el cuerpo, y el universo entero.

Podemos ver la enfermedad como una petición de ayuda. Es una petición de amor. Al estar dispuestos a exponer y disipar nuestros pensamientos de ataque, podemos responder a esta petición de ayuda y experimentar la sanación física, emocional y mental. Podemos empezar a ver con claridad que el ego está intentando engañarnos constantemente al encubrir el pensamiento original de ataque de la separación con otros pensamientos de ataque superficiales que generan la enfermedad: pensamientos de ataque en torno al cuerpo, pensamientos de ataque en torno al dedo, pensamientos de ataque en torno a cualquier síntoma que parezcas tener.

Puede hacer falta mucho convencimiento para aceptar que, en realidad, toda enfermedad es enfermedad mental, que todo está en la mente. El convencimiento se produce mediante los milagros que nos ayudan a soltar completamente la creencia de que los sucesos y las circunstancias son la causa de la enfermedad.

Sentirse enfermo es una llamada a que nos cuestionemos nuestras creencias y conclusiones inconscientes, y a que invitemos amablemente otra percepción. Hacemos esto paso a paso, poco a poco, practicando con lo que tenemos ahora mismo delante, en nuestra conciencia, en nuestra vida.

Si alguien dice que está enfermo, los pensamientos inmediatos suelen ser preguntas con respecto a qué tiene, qué le duele, cuáles son los síntomas y cuál el diagnóstico. Hay mucho enfoque y fijación en el cuerpo y en los síntomas físicos, en las particularidades de la enfermedad, y en la forma de la misma. El mundo ha establecido un sofisticado modelo médico para tratar y prevenir los problemas físicos y mentales. Así, a menudo hay un deseo de intentar encontrar respuestas al nivel de la forma. Los intentos de solución no tienen fin: dieta, ejercicio, cirugía e incontables variedades de terapias y prácticas.

Desmantelar y sanar

Vamos a examinar un escenario que podría ser de naturaleza trascendente para ti si anhelas la curación. En el caso típico, el paciente va al médico o al terapeuta porque quiere un cambio mágico. Quiere una vida mejor en la forma. Quiere que el médico le quite de forma mágica el problema, las dificultades, el dolor y los síntomas. Y aquí reside el problema. Conseguir una vida mejor en la forma solo supone un cambio temporal; no puede ser duradero. El verdadero sanador, el Espíritu Santo, es el terapeuta y el médico. Sin embargo, el paciente se lo piensa dos veces antes de aceptar esta curación, puesto que curarse con el Espíritu Santo exige un cambio completo. Significa que todo su concepto de sí mismo, su mundo entero, quedará desmantelado. Podría pensar: "No te había pedido que desmontaras mi vida. ¡Solo te pedí que la mejoraras! Dame una vida mejor; dame una ilusión mejor en lugar de desmantelarla". Debido al temor a perder esta vida tal como la conocemos, el paciente no confía en el Espíritu Santo, de modo que la enfermedad y los remedios temporales van dando vueltas como en una noria.

Pero, ahora, lo que queremos es el desmantelamiento. Ahora vamos a por la curación, estamos a favor de soltar todo aquello en lo que creemos y todo lo que creemos saber, y así es como descubrimos todo el poder y el potencial de nuestra santa mente. La curación se produce en el momento en que dejamos de darle valor a la enfermedad. ¡Puede resultar difícil incluso entender lo que esto significa! En primer lugar, tenemos que admitir que sentimos algún tipo de atracción por la enfermedad: una atracción enfermiza hacia la mente errónea, una atracción enfermiza por el dolor, una atracción enfermiza hacia la culpa y una adicción a la desdicha. Las personas que han pasado por los programas de los Doce Pasos a menudo sienten que tenían una atracción enfermiza hacia sus adicciones. Y lo que tenemos que reconocer es que, en el fondo, estamos eligiendo nuestra enfermedad. Viene de un mal hábito de pensamiento. Pero puedes cambiar de hábito. Cualquier cosa que hayas hecho puede deshacerse. Cualquier cosa que piensas que hiciste puede ser deshecha. Por muy malo que creas que algo se ha vuelto, es reversible porque puedes aceptar la corrección en tu mente. Simplemente tienes que dejar de esconderte. Debes ir dentro, afrontar lo que hay allí y perdonarlo.

Somos responsables de lo que pensamos, y si nos aferramos a los pensamientos del ego, inevitablemente experimentaremos la emoción de miedo. Generalmente sentimos resistencia a soltar completamente estos pensamientos porque muchos de ellos forman parte de un mecanismo de defensa que usa la mente para intentar que las cosas sigan siendo tal como son. A través de los milagros tenemos que convencernos de que es seguro abandonar nuestra manera habitual de pensar —los juicios y los pensamientos de ataque— y confiar en que esta es la única manera de sanar nuestra mente. Se nos invita a unirnos al Espíritu Santo para que nuestros problemas inconscientes salgan a la conciencia y podamos trascenderlos completamente. Cuando nos elevamos por encima del campo de batalla de nuestros conflictos y heridas, la paz empieza a asentarse en nuestra mente. Entonces ya no necesitamos actuar a partir de los agravios y del pensamiento de la mente errónea que toma la forma de enfermedad.

Libre de agravios

A medida que vives el proceso de sanación puedes sentir una enorme tentación de ser duro contigo mismo. No cedas a ella. El ego quiere sabotear todo el proceso de curación haciendo que tires la toalla, que pienses que es demasiado difícil. Tal vez estés pensando que no lo haces lo suficientemente bien, o que nunca superarás los obstáculos, la enfermedad, o la oscuridad de tu mentalidad errónea. El ego solo quiere que llegues a la conclusión de que ya no estás dispuesto a seguir. Pero lo cierto es que el ego no tiene defensas cuando unes tu buena voluntad al Espíritu Santo. Esto inicia una curación inmensamente poderosa. En realidad, lo único que se te pide es que ofrezcas tu buena voluntad, y si continúas mostrando buena voluntad, ¡el viaje puede ser muy rápido!

Te voy a contar una historia que muestra claramente que un poco de buena voluntad de perdonar puede producir una curación poderosa. Yo solía trabajar en un hospicio. Un día fui a comer con un compañero de trabajo, que también es ministro, porque quería hablar. Él me miró y dijo:

—Me han diagnosticado leucemia, y está muy avanzada, de modo que no sé cuántas semanas más podré continuar con esta formación en el hospicio.

Yo le miré y el Espíritu Santo me guió a decir:

—¿Hay alguien en tu vida que solía estar muy cerca de ti, alguien con quien solías hablar y jugar, pero con quien no has hablado en años?

Se reclinó hacia atrás, dejó la hamburguesa en el plato y dijo:

—¿Cómo has sabido de mi hermana?

Yo dije:

—¿De modo que no has hablado con tu hermana en años?

Y el Espíritu Santo me guió a continuar:

—Sabes, este diagnóstico de leucemia que tienes, no es lo que crees. Tienes un agravio contra tu hermana y tienes que ir a casa. Este es tu trabajo para esta noche: tienes que vol-

ver a casa y enterrar el hacha de guerra; tienes que llamarla
y abrir tu corazón a ella porque yo sé que, debajo del agravio,
la amas.

Y él dijo:

—Sí... Tienes razón. Es una locura; es una absoluta locura
que no haya hablado con ella y haya estado arrastrando esto
durante tanto tiempo.

Hasta entonces él no había hecho la conexión entre el
agravio y la leucemia. Cuando volví a verle unas semanas después, me dijo que había contactado inmediatamente con su
hermana y había deshecho el agravio. Y cuando después fue al
hospital, no pudieron hallar ni rastro de leucemia. Todo había
sanado porque él había abierto su corazón. Había enterrado el
hacha de guerra. Había soltado el agravio de tanto tiempo. Y
entonces compartió conmigo que, mirando atrás, aquello a lo
que tanto se había estado aferrando era una tontería.

Esto es lo que podemos hacer ahora. Podemos permitirnos
a nosotros mismos hacer la conexión en nuestra mente: ¡Vaya!
Es importante que me libre de agravios para poder sanar. Y sé
que esto es posible con la ayuda del Espíritu Santo. Estar libre
de agravios significa que puede aparecer cualquier persona de
tu vida y tú puedes quedarte sentado allí, mirarle a los ojos y
sonreír. Podrías darle un gran abrazo, amarle sin ninguna sensación de animosidad ni deseo de hacer mal, ni siquiera una
sensación de molestia o irritación.

Cuando recuerdes quién eres, bendecirás a todas las personas y a todas las cosas que veas. No habrá ningún pasado, y,
por tanto, tampoco enemigos. Y mirarás con amor todo lo que
antes no habías llegado a ver[67].

Estabas equivocado al percibir que tu hermano o tu hermana querían atacarte o hacerte daño. Eras tú quien quería
arrojar algo que estaba herido en ti sobre ellos. Soltar los agravios y las quejas es el remedio más práctico. ¡Es un milagro!

---

67. Y mirarás con amor todo lo que no habías visto antes. UCDM, L-pl.52.

SANACIÓN

EJERCICIO: Abrirse a la curación

Para realizar las dos partes de este ejercicio, encuentra un lugar tranquilo donde no te vayan a molestar y lleva el diario contigo. Orienta la atención hacia dentro. Considera que este es un tiempo devocional que te dedicas a ti mismo.

Primera parte. Identificar y soltar tus agravios

En este ejercicio vas a examinar el propósito al que parece servir un disgusto o frustración actual. Estate muy abierto a reconocer cualquier "razón" que puedas estar usando para mantener la enfermedad o el síntoma. Permítete asentarte internamente. Pide al Espíritu Santo que te ayude a ver cualquier pensamiento o creencia que esté debajo de la superficie de tu conciencia. Incluso si son intensos, simplemente permítelos. Tu sanación bien merece el esfuerzo que ahora estás dedicando a esta práctica. Abrirá tu mente al milagro de este momento presente, donde se dan todas las respuestas. Entra dentro de ti para curarte.

Con actitud de oración, anota en tu diario las respuestas a los puntos siguientes:

1. Anota y describe una molestia, alteración o disgusto que tengas actualmente. Puede tratarse de una irritación, incomodidad o de un síntoma físico. Pregúntate: ¿Hay alguien o algo con quien estoy molesto? ¿Quién o qué es? Permite y acoge estos sentimientos.
2. ¿Qué podrías estar tratando de "probarte" a ti mismo o a alguna otra persona al tener estas alteraciones o síntomas? Es posible que al principio esto no sea aparente. Tómate tu tiempo y pide al Espíritu que te ayude a mirar profundamente dentro de tu mente.
3. La irritación y la enfermedad, del tipo que sean, vienen acompañadas de un sentimiento de separación y retirada. ¿Por qué estás eligiendo estar separado? Haz una lista de todas las posibles razones. Asegúrate de no evitar nada.

El ego usa todos los disgustos y todas las formas de enfermedad para que te "demuestres" a ti mismo que eres débil, limitado y

214

vulnerable. También puede usar una enfermedad para "demostrar" que eres vulnerable a fin de recibir la atención y el amor de los demás. Puedes estar usando un agravio para evitar un suceso, situación o persona particular y "demostrar" que eres débil. Toma un momento para recitar esta oración:

Espíritu Santo, confío en que Tú me muestres lo que necesito ver para poder sanarme. Por favor, ayúdame a ver mis pensamientos para que puedan ser liberados en Tus amorosas manos. Parece que tengo agravios y síntomas; parecen que están pasando cosas en mi cuerpo. Ahora abro mi mente a Ti y Te pido que me muestres que no estoy disgustado, preocupado o temeroso por la razón que creo.

Siéntate en silencio. Percibe cómo te sientes. Es posible que sientas una sensación de alivio o anticipación, o puedes notar una sensación incómoda. Está bien. Tómate tu tiempo. Cuando estés preparado, da él paso siguiente.

Ahora, invita estas ideas poderosas y verdaderas a tu mente. Dite a ti mismo:

No hay ningún problema que esté separado o aparte de mi mente. No hay ningún problema que esté separado o aparte de mis pensamientos. Estoy dispuesto a estar equivocado con respecto a mis pensamientos. Ahora te los ofrezco a Ti, Espíritu Santo. Quiero sanar. Quiero ser feliz. Quiero conocer el amor.

Segunda parte. Meditación: ir más allá de los agravios, rezar por la curación

Al estar dispuesto a ver los agravios como pensamientos de la mente errónea, te has elevado por encima del campo de batalla. La verdadera curación viene cuando ves que tienes creencias falsas sobre la enfermedad y también con respecto a tu identidad. A medida que acoges y recuerdas la verdad, se disuelve la niebla que oscurecía la luz de la paz. Te invito a mantenerte abierto y a escuchar. Escucha el silencio de tu mente.

Ahora imagina que estás entrando en un espacio dentro de tu mente en el que puedes estar totalmente relajado y sentirte perfectamente seguro. Suelta cualquier distracción, preocupación o problema que pueda estar llamándote la atención. Más adelante podrás volver a ellos si lo deseas. Respira profundamente varias veces y dedícale unos momentos de quietud a esta oración.

Aquí, en este momento, me doy permiso
para hundirme profundamente en un lugar de descanso dentro
de mi mente.
Ahora vengo a un espacio seguro y sagrado,
donde mi mente está abierta a la verdad,
te ofrezco todas mis dudas e invoco Tu certeza.
Veo que la enfermedad y los agravios son mis peticiones de amor.
Ya no voy a esconder mis pesadillas de Ti.
Las expongo. Las libero.
Traigo la oscuridad a Tu luz.
Ahora estoy aquietado,
en medio de todos los estridentes ruidos del mundo.
Me hundo en la quietud profunda.
Hoy miro directamente a cada imagen o síntoma,
dándome cuenta de que alcanzar el objetivo es inevitable;
el objetivo de amor, felicidad, alegría y paz.
¡El amor perfecto desaloja todo temor!
Hoy confío en el Espíritu Santo... y acepto Su confianza en mí.
Miro dentro y encuentro paz.

Amén.

Sanarte a ti mismo es sanar el Universo

Si rezas pidiendo sanación pero sigues preocupado por los síntomas y los buscas, tienes que reorientar tu mente; de otro modo, la curación no podrá producirse. Hace falta mucha vigilancia para reorientar la atención hacia la mente y liberar al Espíritu Santo todas las preocupaciones en torno a los síntomas. Hace falta determinación para observar los pensamientos de miedo y de duda, y continuar entregándolos. Si el miedo se hace demasiado grande, puedes sentir que ir al médico o tomar alguna medicina te ayuda temporalmente mientras trabajas sinceramente en examinar todos los pensamientos y situaciones que necesitan perdón. Esto está bien, porque una mente temerosa bloquea la curación, bloquea la conciencia de la presencia del amor. El sentimiento de confianza emerge de manera natural en una mente relajada y agradecida. Ven a la oración de tu corazón, estate dispuesto a tener un cambio de percepción, ¡y siente la alegría de la sanación! Eres digno de experimentar tu propósito real, el único camino hacia la curación real y duradera.

Es importante ver que hay una elección evidente. Hay muchas oportunidades de morder el anzuelo y percibirte separado, atacado, rechazado y abandonado. El ego ha estado patrocinando este juego de defensa y ataque durante mucho tiempo, y ahora tú vas a cambiar y abrirte a la curación. Este es un gran cambio de mentalidad. Cuando empiezas a considerar tu enfermedad como una petición de amor, notas un suavizamiento, un cambio tanto en tu mente como en tu vida diaria. Y a medida que dejas que el amor que creías ausente se extienda, lo recibes de manera inmediata. Se te reflejará inmediatamente de vuelta en forma de milagro. Así es como funciona la curación del cuerpo y de la mente. Exactamente como ocurre en la curación mental, la curación física tan solo puede ser de la mente. Cuando la mente tiene una comunicación plena y completa, y todos los pensamientos de la mentalidad errónea han salido a la luz, lo que sigue es la curación[68]. El cuerpo es una herramienta o vehículo saludable para una mente que es feliz y está en paz.

---

68. Cuando la mente tiene una comunicación plena y abierta, y todos los pensamientos de la mente errónea han sido puestos bajo la luz, se produce la sanación. UCDM, T-5.V.5:2.

Es importante recordar que cuando deseas auténticamente la curación para ti mismo o para otros, no te enfocas en si los síntomas se quedan o desaparecen. La clave está en no prestar mucha atención al resultado corporal o a las apariencias. Recuerda que, en realidad, la curación no reside en la retirada de los síntomas, sino en devolver la mente a Dios. Unir tu mente a Dios, tu Fuente, te dará una claridad completa y te hará consciente de tu verdadera identidad. Cuando experimentas esto, cuando estás completamente presente en el momento milagroso, no tienes percepción de enfermedad, solo de una paz interminable, la paz que está más allá del entendimiento.

Te curas cuando vuelves a la inspiración y a un estado vibrante. Para ello, tomamos la mano del Espíritu Santo a cada momento. Tanto si quieres curación para una dolencia, soltar el cansancio para estar alerta y vibrante, o simplemente tener una idea inspirada, esto es siempre así. Esta es tu función de perdonar en el mundo, y traerá muchos milagros que transformarán tu vida entera. Llévala a tus pensamientos diarios y a tu toma de decisiones, momento a momento. Esta es la manera de soltar el ego. Cuando no quieres proteger tu ego, eres inofensivo. Cuando eres inofensivo, no puedes herir a nadie ni a ti mismo: ni tu mente ni tu cuerpo.

Puesto que estás trabajando con tu percepción, otros se curarán a medida que tú perdones y te cures. Es emocionante porque el Espíritu Santo te invita a una nueva forma de vivir. Cuando examinas las herramientas que tienes y las personas que están presentes en tu vida, puedes tomar decisiones sabias y útiles que valoren el amor que está en tu corazón. Valorarás tu corazón, que se está abriendo, desplegándose y expandiéndose. Y desearás entregarte a todo aquello que te conduzca a la curación.

CAPÍTULO 16

PERDÓN

El ego tiene una versión del perdón que la humanidad ha comprado completamente. La creencia es: "Te perdono por lo que me has hecho, o me perdono a mí mismo por lo que yo te he hecho a ti". En realidad, esto no es perdón. No funciona. No es de extrañar que en la *Biblia* se cite a Jesús diciendo: "Cuando perdones, perdona setenta veces siete[69]". Si estás perdonando a la manera del ego, tienes que hacerlo más de 490 veces. Es interminable. Podrías hacerlo 490.000 veces o 490 millones de veces. Si continúas perdonando a la manera del ego, seguirás sintiéndote culpable, y te preguntarás por qué no ha funcionado. Yo lo hice muchas veces. ¿Cuántas avemarías tienes que rezar para salir de esa sensación difícil? Mientras sigas intentando perdonar lo que crees que alguien te hizo o lo que tú crees que hiciste a alguien, en realidad no estarás perdonando. Estarás jugando en el campo del ego: a él le encanta cuando te enfadas por algo del mundo. El ego es como una pequeña araña sentada en su tela y diciendo: "Ajá, les he vuelto a engañar. Ellos creen que se trata de esto o de lo otro".

El ego se esconde detrás de la proyección. Queda disfrazado por lo que tú proyectas mientras tú no te das cuenta de que él está al cargo. El tipo de perdón del ego primero da realidad al error, y después, gracias a tu bondad, puedes perdonar.

---

69. Cuando perdones, perdona setenta veces siete. *Santa Biblia,* Nueva versión del Rey Jacobo, Mateo 18:21-25.

Así, estás usando un perdón que nunca puede alcanzar el objetivo de paz.

El ego es la primera premisa de un sistema de pensamiento erróneo, y cualquiera que estudie lógica sabe que si la primera premisa es falsa, todo lo que sigue también lo será. El verdadero perdón no es como el perdón del mundo, donde perdonas a alguien por lo que te hizo. La lógica divina parte de otra premisa: tú eres pleno, tú eres completo, tú eres inocente.

Esto conduce a un tipo de perdón que realmente funciona. Se trata de recuperar las proyecciones y asumir plena responsabilidad por tu mente y por tus pensamientos. Perdonas tu percepción, tu idea de lo que crees que el otro hizo, porque en realidad no lo hizo. Es solo la proyección de una creencia. Esto puede sonar extraño; el ego se rasca la cabeza y dice: "Oh, perdonar lo que alguien no hizo, eso suena muy difícil". Pero tu mente es poderosa y se ha inventado todo lo que percibes. El perdón completo implica ver y experimentar profundamente que no ha ocurrido nada. Esto es paz mental, el estado más alto.

El paso que damos ahora para perdonar es permitir que las percepciones y creencias surjan a la conciencia y sean liberadas al Espíritu interno. El camino consiste en unirse a otros, en lugar de separarse de ellos, y en ser el perdón. Ser el perdón retira la culpa de los objetos: perdonar a mi madre, perdonar a mi padre, perdonar el Holocausto, perdonar la supremacía blanca, perdonar el racismo, perdonar al presidente, perdonar mi cuerpo. Cuando retiras el enfoque de todas las cosas específicas que parecen tener que ver con el culpar a otros y lo llevas completamente hacia dentro, te das cuenta de que solo estás perdonando al yo que creías haber hecho, al yo que tomó el lugar de quien realmente eres.

Al entrar en el misticismo, parecía que había fracasado en mi papel y en mi imagen de hijo. En un momento dado, mi padre vino a mí con una mirada de remordimiento en los ojos, una mirada de mucha tristeza. Y estas fueron las palabras que salieron de su boca:

—Dave, no he sido muy buen padre.

Fue un momento de admisión. En ese período yo ya había alcanzado una experiencia consistente de paz, por lo que le dije:

—Tonterías. Lo hiciste lo mejor que pudiste, en función de tus creencias. Y yo lo hice lo mejor que pude, también en función de mis creencias.

Ocurriera lo que ocurriera en ese momento —ir en piloto automático, represión, proyección—, era lo mejor que podía hacer, basándome en lo que creía con respecto a mí mismo. Dije:

—Ahora este juego se ha terminado. Ahora ya no voy a encasillarte en ningún papel. No te voy a encasillar en el papel de padre, ni me voy a encasillar en el papel de hijo, porque veo que el ego fabricó estos papeles.

Dios nos crea como Espíritu, no como madres, padres, hermanas y hermanos. Cuando dejo de desempeñar estos papeles, mis relaciones se iluminan. Yo había perdonado la creencia en los papeles y, a partir de ahí, mi padre y yo tuvimos una relación feliz, amorosa y alegre, y esa relación continuó hasta el día de su muerte. En nuestro último encuentro, no nos aferramos al pasado; ¡nos regocijamos en la verdad, la alegría y la felicidad!

La causa —y la solución— de cualquier problema

Una mente que no perdona experimenta culpa y sufrimiento, experimenta diferencias. La causa de todos los problemas que puedas pensar es básicamente que la mente no perdona, mientras que la mente que perdona te aporta todo lo que deseas. Te aporta satisfacción, paz y una profunda sensación de conexión. La solución a cualquier cosa es el perdón, el perdón de lo que no es verdad. Lo que no es verdad es cualquier cosa que no sea amor. Esto incluye todos los juicios que vemos y pensamos con respecto al mundo, con respecto a nosotros mismos y con respecto a los demás.

De todos los conceptos que se creen en este mundo, el perdón es el único verdaderamente útil.

Sueña dulcemente con tu hermano inocente, quien se une a ti en santa inocencia. Sueña con la bondad de tu hermano en vez de concentrarte en sus errores. Elige soñar con todas las atenciones que ha tenido contigo, en vez de contar todo el dolor que te ha ocasionado. Perdónale sus ilusiones y dale gracias por toda la ayuda que te ha prestado. Y no desprecies sus muchos regalos solo porque en tus sueños él no sea perfecto[70].
Hermano, ven y déjame mirarte. Tu amorosidad refleja la mía. Tu impecabilidad es mía. Te alzas perdonado, y yo junto contigo[71].

Es un milagro soltar los agravios al permitir que los recuerdos y las creencias surjan a la superficie de la conciencia para después dejarlos ir. Así es como perdonas: cuando surja la tentación de percibirte injustamente tratado, entrega ese pensamiento, esa perspectiva, y el deseo de "tener razón" con respeto a cómo están montadas las cosas, o parecen estarlo, y déjate ir hacia el milagro. A medida que esto se convierte en un hábito, descubrimos felizmente que ser un obrador de milagros es nuestra función en toda situación. Estamos unidos en el propósito de perdonar, y yo estoy agradecido de que así sea.

---

70. De todos los conceptos que se creen en este mundo, el perdón es el único verdaderamente útil. Sueña dulcemente con tu hermano inocente, quien se une a ti en santa inocencia. Y el Mismo Señor de los Cielos despertará a Su Hijo bienamado de este sueño. Sueña con la bondad de tu hermano en vez de concentrarte en sus errores. Elige soñar con todas las atenciones que ha tenido contigo, en vez de contar todo el dolor que te ha ocasionado. Perdónale sus ilusiones y dale gracias por toda la ayuda que te ha prestado. Y no desprecies los muchos regalos que se ha hecho solo porque en tus sueños él no sea perfecto. UCDM, T-27.VII.15:1-6

71. Ven hermano, déjame contemplarte. Tu hermosura es el reflejo de la mía. Tu impecabilidad, la mía propia. Has sido perdonado, y yo junto contigo. UCDM, L-pII.247.1:5-8.

Cuando estaba trabajando en mi propia sanación a lo largo de los años, finalmente llegué al punto de girar las tornas [al ego]. Empecé a permitirme sentir la oscuridad y las emociones que surgían. En lugar de tener un juicio o una reacción brusca hacia ellas, y de intentar reprimirlas y volver a empujarlas hacia abajo, les daba la bienvenida. El ego quiere minimizar la incomodidad, de modo que fue un gran paso decidir que no me iba a juzgar por el aspecto que tuviera ni por las sensaciones que me produjera este proceso. Cuando pasé por esta fase de dar la bienvenida a todo, tenía el rostro bañado de lágrimas. Me dije a mí mismo y al Espíritu Santo: "Ahora doy la bienvenida a esto, incluso si no parece ni se siente hermoso. Tenga el aspecto que tenga, ¡vamos a por la sanación!"

Las emociones eran muy intensas. Me preguntaba cómo podía la gente apostar por la sanación y seguir funcionando en el mundo. ¿Cómo lidiar con todo ello? Además de los desafíos de mantener en marcha tu carrera profesional, y de mantener las relaciones familiares e interpersonales, ¿se supone que has de entrar dentro y trabajar la curación de la mente? Parece que ciertas cosas se desmoronan, se funden, se rompen y se hacen añicos. Pero recuerda: el ego es el que interpreta el proceso a cada paso del camino. Y generalmente es una interpretación negativa: "Esto duele demasiado. Es demasiado doloroso. Si Dios es amor, ¿por qué siento tanto dolor en mi corazón?" Al ego le irritan estos primeros vislumbres de aceptación en tu mente porque son como pinchazos en su propia cara.

Pero, una vez que comiences el proceso de perdón con el Espíritu Santo, cuanto más te abras, más milagros tendrás. Lo que al principio parecen pequeños destellos de aceptación aquí y allí, que son muy importantes, empezarán a estabilizarse. En primer lugar, hay un permitir: permito, permito, permito que tenga el aspecto que tiene y que produzca las sensaciones que produce. No voy a juzgarlo. Más adelante, después de toda esta permisividad, entras en el verdadero estado de aceptación. Otra palabra para ello es reconocimiento. Aquí es cuando empiezas a reconocer: "Esto es lo que soy realmente, lo que siempre he sido, el Uno, el Espíritu Uno". El ego es la creencia de que Dios no existe. El despertar es la experiencia de que solo existe Dios. Puedes ver que no hay ningún punto de encuentro entre "Dios no existe" y "Solo existe Dios".

La fase más difícil es el principio, pero cuando entras en el pleno despliegue de este giro que se produce en la mente, todo se estabiliza. Se siente muy natural y sin esfuerzo. En ese punto ya ni siquiera necesitas mantener la vigilancia; es como dejarse llevar en un pacífico arroyo. ¿Cómo podría eso ser difícil?

En esencia, solo estamos perdonándonos a nosotros mismos

Las cosas con las que nos ha resultado difícil lidiar continúan volviendo a nosotros hasta que empezamos a darnos cuenta de que las personas de nuestra vida solo estaban representando nuestras creencias. Así, si parece que somos maltratados o que somos víctimas, o que no nos han dado el tratamiento que merecemos, esas personas solo están representando nuestra culpa inconsciente: todo lo que hemos reprimido y negado. Y estaban haciendo un gran trabajo: los premios de la Academia se les han concedido a tu madre y tu padre por desempeñar esos papeles. Pero lo cierto es que no estábamos recordándolos como verdaderamente son; solo estábamos recordando los agravios del pasado, que nosotros hemos conservado en la mente y que ellos representaron.

En realidad, nunca nos disgusta un comportamiento. Lo que nos disgusta es nuestra interpretación del comportamiento, y siempre respondemos emocionalmente a nuestras interpretaciones. Solo percibimos lo que todavía tenemos sin resolver dentro de nuestra conciencia, aquello en lo que todavía nos sentimos agraviados. De modo que, en realidad, las personas de nuestra vida nos están haciendo un favor. Los que creemos que son los más necios, las personas más insensibles, nos están ayudando a ir más allá de nuestra represión y de nuestros mecanismos de negación. Los están representando justo delante de nosotros para que podamos dejar que todas nuestras emociones surjan a la conciencia. Una vez que salen a la conciencia, podemos entregárselas al Espíritu Santo y tener una experiencia milagrosa.

Incluso pensar en tu padre o en tu madre, o en cualquier persona que te haya agraviado, activa los recuerdos y las emociones. Trabajar esto forma parte de la limpieza, aunque esas personas ya no estén físicamente en tu vida. Cuando soñamos con ellas y cuando pensamos en ellas, podemos procesar lo que nos provocan. Esto forma parte de la sanación.

Es posible que no siempre seamos conscientes de que, cuando conservamos un agravio, en realidad lo conservamos contra nosotros mismos. Esto se debe a que la proyección nos hace ver afuera lo que no queremos ver dentro de nuestra mente y corazón, porque tenemos miedo de que, en realidad, lo que estamos proyectando es cierto con respecto a nosotros mismos. Por eso, cuando perdonamos, en realidad estamos liberando nuestra propia alma, nuestro propio ser.

Hace falta mucha energía para aferrarse a un agravio, energía que podríamos usar para amar. Si dedicamos nuestras vidas a amar, el miedo y las percepciones erróneas del ego no tienen la oportunidad de crecer. Si mantenemos nuestro jardín libre de malas hierbas, claro y limpio, tendremos espacio para los frutos, y hay abundantes frutos.

Entrega las creencias al Espíritu Santo

El perdón consiste en ver realmente lo que hay en nuestra mente para, a continuación, soltarlo. Este es nuestro trabajo interno. En realidad, no puedes decir al Espíritu Santo: "Tengo una vida loca. ¿Puedes arreglarla, por favor?" En lugar de eso, has de llevar todo lo que crees sobre tu vida y este mundo, sobre el tiempo y el espacio, de vuelta al Espíritu Santo. Y cuando haces esto completamente, tus problemas desaparecen. Así, entras en el verdadero perdón con el Espíritu Santo para que la luz despeje la oscuridad, y se te devuelve a la experiencia del momento presente. Lleva esa oscuridad a la luz. Lleva todas tus creencias locas a la luz, y verás que solo están en tu imaginación. Solo eran dragones oscuros, pequeñas ideas locas que habías enterrado y mantenido ocultas. Solo era otro truco del ego. ¡Nunca fueron reales!

El perdón es un momento en el que eliges ser feliz en lugar de tener razón. El perdón es una oportunidad de decidirse de nuevo por la realidad; es el momento en el que te decides por tu verdadero Ser en lugar de por una imagen de ti mismo.

El perdón es ir adentro, más allá de los pensamientos de ataque, y entrar en la inocencia de tu ser, en tu divinidad. El perdón es callado y no hace nada. Espera, observa y no juzga[72]. Simplemente es un estado mental sereno, profundo y aquietado. Cuando hacemos del perdón nuestra función, somos intrínsecamente felices. ¡El perdón es la llave de nuestra felicidad![73].

Imagina que eres pequeño, estás viviendo con tus padres y ellos te preguntan:

—¿Qué vas a ser de mayor?

Y en contra de todas las expectativas, tú les dices:

—Feliz, feliz... ¡quiero ser feliz!

No se trata de una felicidad temporal asociada con ciertos resultados. No se trata de "soy feliz porque me han subido el sueldo, porque he encontrado a mi pareja del alma o porque me ha tocado la lotería". No es una felicidad temporal. La práctica del perdón conduce a una experiencia muy alegre porque no hay intenciones con respecto a nada. Podemos des-

---

72. El perdón es tranquilo y sosegado, y no hace nada. Observa, espera y no juzga. UCDM, L-pII.1.4.

73. Cuando el perdón es nuestra función, somos intrínsecamente felices. ¡El perdón es la llave de la felicidad! UCDM, L-pI.121.

ESTE MOMENTO ES TU MILAGRO

cribir el sueño infeliz como una percepción equivocada, y entonces el sueño feliz y perdonado es la piedra de toque, la cosa
más cercana al Cielo en la Tierra. Es una transformación en la
mente y en la conciencia. Está tan cerca del Cielo que tus pies
ya no tocan el suelo, por así decirlo. ¡Simplemente eres trans-
portado y elevado!

Perdona y contempla el mundo como un sueño

Algunas personas creen que, cuando empiezas a contemplar el mundo como un sueño o una ilusión, pierdes el interés,
o que el amor y la compasión dejan de fluir a través de
ti. Pero ocurre lo opuesto. El Espíritu Santo se vierte a través
de ti todavía más en ese estado porque ya no tienes la concepción que la forma sea de cierta manera o que tenga cierto
aspecto. Experimentas peticiones de amor más que ataques,
y das lo que se te pide; das amor. Ya no das realidad a la percepción ni a la conducta. Al dar amor, lo fortaleces, y entonces
sabes que tú eres amor, que eres una extensión ilimitada del
amor divino.

En una ocasión, estaba visitando a una amiga y experimen-
té que el poder del perdón puede transformar la agresión y la
furia. Esta amiga y yo veíamos películas metafísicas y medi-
tábamos juntos durante horas. Ella no me había mencionado
que había vivido un divorcio dos años antes, y que su exma-
rido se sentía terriblemente celoso cuando cualquier hombre
se acercaba a ella. Un día, mientras estábamos viendo una película, de repente, apareció un rostro en la ventana. Fue como
estar en una película de Jack Nicholson. Los ojos se le salían de
las órbitas y parecía que iba a entrar en la casa con una moto-
sierra. Entonces la puerta se abrió de repente de par en par.
Estaba muy enfadado y le salía espuma por la boca. Yo tuve la
experiencia de estar en una película. Ni siquiera me moví. Ni
siquiera me puse de pie. Simplemente observaba esta película
en la que él se acercaba. Estaba gritando y me agarró por la ca-

misa. Yo solo observaba y notaba. Quería probar una lección: "En mi indefensión radica mi seguridad[74]".

Posteriormente, iba caminando por la carretera hacia un bosque de pinos cercano para meditar. Entonces se me acercó un coche y era de nuevo ese hombre. Saltó del coche y vino hacia mí. Arrojó mi cuerpo al suelo y, al caer, mi cabeza dio contra una señal de tráfico y empecé a sangrar, pero no sentía ninguna incomodidad. Entonces se detuvo otro coche y los ocupantes preguntaron:

—¿Qué está pasando aquí?

El hombre que me estaba atacando dijo:

—¡No! No hay problema.

A continuación, volvió a llevarme a la casa. Empezó a rebuscar en el mueble de las medicinas de tal forma que se caían pastillas por todas partes. Tenía mucho miedo. Me puso como pudo una gasa en la cabeza y me dio pastillas. Entonces se abrió de repente y empezó a contarme la pena que sentía por haber perdido a su familia, y todo el dolor, toda esa situación, se convirtió en una preciosa experiencia de curación. Como yo había perdonado en mi corazón, usándolo de la manera más profunda, pude sentir verdadera compasión.

El perdón puede sentirse profundo, muy profundo y muy místico. Mi amiga Lisa tenía una hermana que fue violada y asesinada. Pasado algún tiempo, encontraron y arrestaron al asesino. Estuvo en la cárcel muchos años. La familia de Lisa y el fiscal intentaron que le electrocutaran por el crimen. Y aunque años antes Lisa había vivido una profunda pena por la pérdida de su querida hermana, no sentía rencor hacia el hombre. Lisa seguía las enseñanzas de Jesucristo sobre el perdón y fue llamada a testificar a favor del hombre que había asesinado a su hermana. Ella no condonó sus acciones. Durante los años que este hombre estuvo en la cárcel, había estado rezando y se había vuelto muy devoto. Había estado trabajando su propio proceso de perdón.

---

74. En mi indefensión radica mi seguridad. UCDM, L-pl.153.

En el tribunal, mientras su madre, su hermana y el resto de su familia intentaban asegurarse de que el hombre fuera electrocutado, Lisa estaba allí representando el perdón. Mientras esperaba en el vestíbulo, se puso a rezar a Jesús. Estaba mirando a la pared, y de repente Jesús se le apareció en la pared, en el mármol. Fue una experiencia mística. Cuando llegó el momento de testificar, entró en el ascensor y adivina quién más estaba en aquel ascensor: el hombre acusado de asesinar a su hermana.

Lisa lo miró con amor y él le devolvió la mirada. Hubo una profunda sensación de reconocimiento y amor. A continuación, ella dio un testimonio asombroso. Testificó a favor de Dios, de Cristo, y no se cortó un pelo. No le preocupaba si el hombre iba a seguir en el corredor de la muerte o si le iban a electrocutar. Ella estaba allí para testificar a favor del perdón y la inocencia. Estaba viviendo el estado de perdón; no le importó cuando le hicieron un contrainterrogatorio y tampoco le importaba lo que ocurriera en el tribunal. Estaba testificando a favor del perdón para todos nosotros. Fue muy poderoso. Fue allí, y afilada como una cuchilla de afeitar, emitió un mensaje claro de verdad e inocencia.

Los ejemplos de perdón nos muestran lo que es posible cuando perdonamos de corazón. Cuando la hija de un amigo fue asesinada, este amigo entró en oración profunda. Arrestaron al hombre. Mi amigo continuó rezando: "¿Qué debería hacer?", y Jesús le dijo: "Ve a la prisión. Visita a este hombre y dile que le amas". Este hombre había asesinado a su hija y él tenía que ir a prisión, a la celda, y estar allí con el hombre. Cuando fue a la prisión, lo amó tan completamente que el hombre empezó a escribir poesía, a pintar cuadros y practicar las enseñanzas de *Un curso de milagros*. El perdón consiste en ver más allá del error.

Estos son ejemplos fuertes en los que ves que tu mente podría desear orientarse hacia la furia y las ganas de culpar. Este tipo de escenarios suscitan inmediatamente imágenes de algo malvado que nadie querría afrontar. Pero, para mí, para Lisa y para mi otro amigo, Jesús dijo: "Acoge al extraño". Él nos enseña a ir más allá de todos nuestros pensamientos y percepciones de que se ha hecho algo mal y a conectar en el amor. Conectar en el amor, conectar en el presente, es nuestra libertad. Los rencores siempre son del pasado. Cuando conservamos un rencor, permanecemos en prisión, y lo mismo le ocurre a la totalidad del mundo. Cuando perdonamos, si vamos más allá de la ofensa y si vemos con los ojos de Cristo y conectamos en Cristo, liberamos al mundo.

La experiencia de verdadera libertad solo puede ocurrir en el presente. Solo puede venir con el perdón. El perdón es nuestra única función: nuestro único regalo al mundo. No tenemos otra vocación existencial que esta. Nuestra vocación no es "convertirnos" en algo. De hecho, es lo opuesto. Es destrabar el falso yo que hemos fabricado. Y hacemos esto perdonándolo, perdonando nuestra creencia en él. Cuando hemos examinado plenamente todas nuestras creencias, hasta la creencia nuclear en la separación, y las hemos liberado, ya no estamos limitados por el miedo, la culpa y la duda. Este es el desaprendizaje y el desanudamiento definitivo de la mente que llevará a una vida de alegría y libertad benditas.

El perdón barre la distorsión y abre el altar oculto a la verdad, puesto que aquí, y solo aquí, se restaura la paz mental, porque este es el lugar donde habita Dios Mismo[75]. Cuando perdonas completamente ves que nadie puede ser herido, y una vez que entras en contacto con la presencia profunda, todas las cosas son igualmente aceptables. En la percepción del perdón, de la amable gracia del amor que eres, todo se ve como una totalidad. Y en esa visión holística todo es tan relajante que, literalmente, te puedes dejar llevar a lo largo del día permitiendo que el viento te transporte como a una

---

75. Pues ahí, y solo ahí, se restaura la paz interior, al ser la morada de Dios Mismo. UCDM, L-pll.336.1.6.

pluma. Como en la primera escena de Forrest Gump, la pluma no está tratando de dirigir el viento. Y asimismo, Forrest, absorto, sigue el flujo[76].

EJERCICIO: Libera y experimenta el verdadero perdón

Para escuchar una versión grabada de este ejercicio, ve a http://newharbinger.com/41870.

Ahora pide al Espíritu Santo que te guíe mientras te serenas. Permite que tu mente se aquiete y se quede en silencio. Piensa durante un momento en una persona de tu vida que haya sido la diana de tus juicios y de tus rencores, alguien a quien todavía no has perdonado, alguien que te disgusta o te irrita. Puede tratarse de alguien cercano o lejano, de alguien relacionado contigo, de una persona con la que interactúas a menudo o de una persona fallecida. Podría ser alguien con quien has tenido una experiencia difícil y poco amorosa. Es muy probable que esta persona ya haya venido a tu mente. Vas a pedir al Espíritu Santo que te ayude a verla con ojos amorosos.

Primera parte. Trabajo de perdón con tu diario

1. Describe una situación relacionada con esta persona en la que un rencor o un pensamiento que no perdona oscurece el milagro y te impide verlo.

2. Observa tu mente para ver las conclusiones que has extraído con respecto a esta persona, y que todas ellas están basadas en el pasado. ¿Cómo estás juzgando a esta persona? Haz una lista de todo ello en tu diario.

3. Observa tu mente para ver qué conclusiones has extraído con respecto a ti mismo en relación a esta persona. ¿Sigues juzgándote de esta manera? Haz una lista de cómo te juzgas.

4. Imagina que vuelves a encontrarte con esta persona y pasa unos minutos con ella en tu mente. Usa el diario para explorar cualquier

---

76. Como en la primera escena de *Forrest Gump,* la pluma no trata de dirigir el viento, y así, al no tener directriz, Forrest sigue el flujo. Director Robert Zemeckis, 1994, *Forrest Gump,* Paramount Pictures.

PERDÓN

pensamiento adicional, juicio o emoción con respecto a ella y a ti mismo, siendo muy honesto para permitir que los pensamientos sutiles y ocultos surjan a la conciencia. Tómate tu tiempo para estas reflexiones. Anótalas en el papel, y cuando sientas que lo has completado, ofrece todos tus pensamientos al Espíritu y pasa a la segunda parte.

Segunda parte. Reflexión sobre el perdón

Reflexiona durante un rato sobre lo siguiente: "El milagro te permite ver a tu amigo sin su pasado. No dejes que ninguna nube oscura de tu pasado te impida verlo, porque la verdad solo está en el presente, y si la buscas allí la encontrarás[77]". Esta persona no es tu enemigo; más bien, va a ayudarte a experimentar el milagro del perdón. En realidad, la persona siempre es alguien a quien deseas amar pacíficamente, y lo que te lo impide es que te aferras a tus juicios, rencores, disgustos y ofensas.

"Ahora" no tiene significado para el ego. Por eso te vas curando a medida que sueltas tu concepción de pasado y el futuro. Hoy no prestes atención a las figuras sombrías del pasado. Ahora es el momento en el que se te absuelve de todo el pasado. Dirígete al Espíritu Santo para dejar que Él te guíe en esta práctica. Hoy el perdón es tu función. Perdona el pasado y la creencia en el futuro. Hoy, cambia de interpretación con respecto al tiempo y su función. ¡Ábrete al momento presente!

Tercera parte. Meditar para dar la bienvenida al perdón

La práctica del perdón tiene el potencial de transformar completamente tus relaciones. Para esta meditación, empieza permitiendo que tu mente se quede muy quieta y en silencio. Piensa en la importancia de lo que estás a punto de hacer y en la curación y paz a las que estás dando la bienvenida.

---

77. El milagro te permite ver a tu hermano libre de su pasado. No permitas que ninguna sombra tenebrosa de su pasado lo oculte de tu vista, pues la verdad se encuentra solamente en el presente, y si la buscas ahí, la encontrarás. UCDM, T-13.VI.5.

ESTE MOMENTO ES TU MILAGRO

Sé testigo de tus dolores y rencores trayéndolos una vez más a la mente. Vuelve a mantener a esta persona en tu mente, tal como la ves actualmente. Repasa las dificultades que habéis tenido, el dolor y el sufrimiento que crees que te ha causado, cualquier negligencia y todas las heridas grandes y pequeñas que crees que te ha infligido. Mira el cuerpo de esta persona con sus fallos y también con sus puntos fuertes, y piensa en sus errores e incluso en sus "pecados"[78]. Ahora, empieza a abrirte a la posibilidad de que tu percepción errónea pueda ser transformada. Practica el ver a esta persona bajo una nueva luz, procura encontrar algo de luz en ella, y permite que dicha luz crezca en la imagen que ves ante ti. Pide al Espíritu Santo que te ayude a ver más allá de la imagen fija que tienes. A medida que te permites abrir la mente y ser guiado a ver a esta persona de otra manera, empezarás a ver la luz que está detrás de la ilusión. Al hacerlo, liberas a esta persona y a ti mismo de la imagen oscura que le has impuesto. Tómate algún tiempo para dejar que la luz entre realmente. En gratitud, permítete aceptar esta nueva percepción y ver a esta persona en su verdadera identidad, en la luz y sin ninguna referencia al pasado. Al hacer esto, también ves la verdad con respecto a ti mismo, que es luz, y se hace evidente que cambiar tu percepción con respecto a la otra persona te libera a ti junto con ella. Esta persona te ha dado la oportunidad de ver el poder y la liberación que surgen de transformar tus juicios en un testigo amoroso y aceptante de la verdad que está en ti y en todos los demás. Tómate algún tiempo para descansar en la serena resolución a la que has llegado. Tómate todo el tiempo que necesites y báñate en la luz del milagro.
Y ahora, medita sobre este poema. Léelo lentamente; puedes leerlo en voz alta, copiarlo en el diario o colgarlo en el frigorífico. Haz cualquier cosa que lleve su mensaje a lo profundo de tu mente.

No uses ninguna relación para aferrarte al pasado,
sino que, en cada una de ellas, cada día, renace de nuevo.

---

78. Contempla las imperfecciones de su cuerpo así como sus rasgos más atractivos, y piensa en sus errores e incluso en sus "pecados". UCDM, L-pl.78.6.

Un minuto, incluso menos, será suficiente para liberarte del pasado y entregar tu mente en paz al momento presente.
Cuando todos sean bienvenidos para ti, como te gustaría que Dios y tu Ser te dieran la bienvenida a ti, no sentirás culpa.
Porque habrás perdonado[79].

El perdón es el amor que produce felicidad

¿No sería maravilloso deslizarte por la vida como si fuera un sueño pacífico en el que sientes deleite, y te aceptas plenamente a ti mismo y a los demás? En este mundo onírico, tu objetivo puede ser el perdón que transforma la percepción, y te permite pasar de una pesadilla a un sueño feliz. El sueño feliz, en términos simples, es un sueño en el que no hay juicios. Los seres humanos organizamos el mundo que vemos y nuestras vidas sobre la Tierra basándonos en numerosas creencias. El perdón, que es en lo que consiste este sueño feliz, es como una creencia gigantesca que lo abarca todo. De hecho, es una creencia tan grande que, como en la historia de Jonás y la ballena, literalmente se traga a todos los demás. Esto significa que, con el perdón, tienes la experiencia de que todas las creencias específicas son completamente falsas. El perdón te pone en un estado de completa apertura mental, aceptación e inclusión.

A nivel práctico, esto significa que ni siquiera volverás a participar en una discusión porque sabes que no hay unas creencias específicas que sean más verdaderas que otras; todas son igualmente falsas. Todas las etiquetas y todas las cosas que las personas parecen defender, como las diferentes culturas,

---

79. No te valgas de ninguna relación para aferrarte al pasado, sino que vuelve a nacer cada día con cada una de ellas. Un minuto, o incluso menos, será suficiente para que te liberes del pasado y le entregues tu mente a la Expiación en paz. Cuando les puedas dar la bienvenida a todos, tal como quisieras que tu Padre te la diese a ti, dejarás de ver culpabilidad en ti mismo. Pues habrás perdonado. UCDM, T-13.X.5:2-5.

religiones y creencias asociadas con distintas procedencias étnicas, no supondrán ninguna diferencia para ti. Tendrás una experiencia de la conciencia unificada en la que todo es uno. Todo es mente, y tú te identificas con ella. Has trascendido completamente las discusiones, los debates, las creencias en lo que está bien y en lo que está mal, y las opiniones.

Cuando te sitúas en el perdón, llegas a ver que todo el significado está en tu corazón, y tú aportas ese bello significado a todo aquello sobre lo que posas tu mirada. Tomas el amor de tu corazón y dejas que se vierta sobre absolutamente todo. La belleza está en el ojo del que mira, y cuando miras con los ojos del amor, no puedes evitar ver y extender ese amor.

Convocas a muchos testigos. Así es como se ilumina el sueño. Los testigos del amor, de la paz y de la armonía empiezan a inundar la mente. Los testigos del amor reemplazan a los testigos del miedo, la culpa, la vergüenza y el dolor. Los testigos de la felicidad, la alegría y la libertad se dispersan por toda la mente y por el paisaje del sueño.

Un amigo mío tuvo una experiencia de esto mientras caminaba por las calles justo después de la caída de las Torres Gemelas, el 11 de septiembre de 2001, en Nueva York. Iba caminando y se sentía muy feliz haciendo la lección del día de *Un curso de milagros*. De repente, tuvo un pensamiento de duda: "¿Qué pasa si mi alegría altera el dolor de estas personas?" Esta duda atrajo a los testigos del miedo, y de repente pudo sentir el mal olor y contemplar toda la desdicha. Percibió el duelo de un hombre concreto que iba caminando por el otro lado de la calle. Y se pilló a sí mismo pensando: "Más me vale seguir con la lección del día". Entonces, al recordar la lección del Curso para ese día, su percepción volvió a cambiar, y el hombre que parecía apesadumbrado ahora adquirió un aspecto brillante, claro y feliz. Vino hasta donde estaba mi amigo, le miró directamente a los ojos y le dijo estas poderosas palabras: "Puedo ver... por cómo te sientes... que tú sabes... ¡que nada de esto es real!" Se convirtió en un testigo de la alegría y la ligereza.

A través del perdón, simplemente emanas e irradias la verdad. Aquí es donde el milagro aparece en la conciencia. Permaneces en la verdad de la inocencia y te niegas a ver a tu hermano o hermana como algo que no son. Y cuando mantienes esta presencia y esta visión de inocencia, ellos también son elevados a recordar quiénes son. Es la experiencia más amorosa y compasiva que se puede tener. ¡Y es verdaderamente compartida!

CAPÍTULO 17

EXTENDER DESDE DENTRO

El verdadero dar y el verdadero servicio se hacen con el Espíritu Santo; esta experiencia no es de la forma. Es un estado mental en el que experimentas lo que verdaderamente das. Es muy diferente del concepto que el mundo tiene de dar, en el que el regalo es algo que tiene forma y que tú vas a perder al darlo. Si lo das, se va, despídete y no volverás a verlo nunca. Y si continúas dando de esta manera, ellos tendrán más y tú tendrás menos. Puedes ver que, al ego, esto de dar le parezca muy extraño.

Verdadero dar

En *Un curso de milagros* hay una enseñanza poderosa: "Para tener, da todo a todos[80]". Esta enseñanza contradice todo el sistema de pensamiento del ego. Entonces, ¿qué es verdadero dar, verdadero extender? El Espíritu Santo simplemente dice dame tu mente, y yo me encargaré de todo lo demás. Si estás preocupado, triste o cansado, en realidad no estás dando. Pero si estás inspirado y conectado con tu Fuente Divina, das una inspiración verdadera y asombrosa; compartes alegría, paz y amor. No hay cansancio ni pérdida, solo extensión. Esto se debe a que, al compartir los dones de Dios de alegría y amor, es cuando los

---

80. Para tener, da todo a todos. UCDM, T-6.V(A).

conservas. Esto solo se puede entender a través de la experiencia. "Todo lo que doy me lo doy a mí mismo". Esta enseñanza del Espíritu Santo es una noción muy extraña para el ego. Pero, para nosotros, es la respuesta perfecta. "Todo lo que doy me lo doy a mí mismo" es un principio divino. Es la experiencia de tener una relación con Dios.

Retener algo en el presente no es el camino del Espíritu. Planificar para el futuro no es el camino del Espíritu. Todos nos hemos dedicado a retener de una manera u otra. "No pongas todos los huevos en la misma cesta." "Ahorra siempre algo por si acaso." Se nos ha enseñado a retener, y a que es prudente retener incluso en las relaciones. "No lo des todo, retén un poco, haz que trabajen por ello, haz que lo busquen, que lo persigan." ¿Quién te ha enseñado esto? Si Dios da su amor incondicionalmente, entonces, ¿por qué no querríamos darlo nosotros también?

Asociamos el dar con la pérdida y el sacrificio. Pero, desde la perspectiva milagrosa, dar es completamente diferente; dar en la forma es irrelevante. La cosa se resume en que en realidad no sabes lo que más te conviene y te abres a ser guiado en cuanto a la forma. Cuando das milagros, ¡tanto el dador como el receptor tienen más! Sabemos esto sobre el amor: cuando extiendes amor a alguien, sientes más amor en tu corazón. Así es como fuimos creados por Dios: para dar amor tal como Él lo da. En cuanto el ego trata de ponerle precio a esto, ya deja de ser amor. Simplemente es otro intercambio.

Desarrollar la confianza es aprender a dar como Dios da: da amor y crece en confianza. A medida que extiendas amor, experimentarás que el universo te lo devuelve todo, y tu confianza crecerá de manera natural. Al final, al confiar y permitir el apoyo que el Espíritu Santo te da momento a momento, llegarás a experimentar que dar y recibir son lo mismo. El verdadero recibir es el dar verdadero. Esta comprensión es nada menos que el despertar mismo. Cuando recibes al Espíritu momento a momento, también estás dándolo. Esta es la naturaleza del Espíritu. No es personal y siempre está extendiéndose. La experiencia de confianza, alegría, satisfacción y paz es un signo de que estás en contacto con el Espíritu, y estar en contacto con el Espíritu es verdadero dar. Recibir y dar se hacen uno.

Cuando tus sueños se vuelven felices, sabes que estás a punto de recibir la lección final. Esta comprensión final es aprender que lo que tienes es lo que eres. Esto significa que "tener" es una experiencia de tu Ser divino: seguro, libre y en su hogar. Recuerda que en la unicidad no hay diferencia entre tener y ser como la hay en el sueño. En el estado de ser, la mente lo da todo siempre[81]. Dar ya no está asociado con la propiedad de las cosas ni con sentirse importante. Sin apegos, te sientes libre. Por eso Buda enseñó a vaciar la mente de todo lo que piensas que piensas y de todo lo que piensas que eres. Él estaba diciendo: suelta las falsas identificaciones relacionadas con este mundo y llega a tener una mente aquietada y tranquila, una mente que está más allá de este mundo. Esto también fue lo que Jesús enseñó. Mientras que Buda puede haber llamado a este estado *el vacío,* Jesús habría dicho: "Sí, entra en el vacío y a través de él llega al Reino del Cielo, a la plena alegría, a la plena felicidad, a la plenitud del Espíritu Santo". ¡En esto consiste este viaje!

Cómo ser verdaderamente útil

Todos queremos hacer el bien. Y todos hacemos lo que creemos que nos hará felices. Kahlil Gibran escribió un pequeño libro precioso titulado El profeta. Dijo que cuando trabajes, deberías trabajar con alegría y con amor. El verdadero servicio puede ser una oportunidad de permitir que se deshaga la personalidad. Hay muchos voluntarios que hacen servicio en todo el mundo. Millones de personas están involucradas en el servicio, pero muchas de ellas se sienten agotadas y "quemadas".

---

81. En el estado de ser, la mente siempre lo da todo. UCDM, T-4.VII.5:8.

Su voluntarismo las agota. ¿Cómo ocurre esto? El ego debe estar involucrado. El ego intentará secuestrar el servicio para sus propios fines: "Salva a los hambrientos, salva a los pobres, salva a la Madre Tierra, salva a los delfines, salva a las ballenas en el nombre de Dios, salva a los atunes. Salva el medio ambiente. Salva al país". Los voluntarios se enfadan mucho con los obstáculos que encuentran en su camino, y acaban enfadándose consigo mismos por no ser capaces de remediar los problemas. Esto no va a funcionar. El ego ha secuestrado el concepto de servicio. Si el servicio no lleva a la alegría, estás siguiendo al impostor, al ego.

Mientras crecía, la gente me decía que siempre estuviera atento al número uno. Yo preguntaba:

—¿Quién es el número uno?

Y me decían:

—Eres tú. Eres tú mismo, David.

Se referían al yo de la personalidad. Pero cuando entramos en el verdadero servicio, este consejo da un giro. Busca siempre al Uno: la Fuente Una. A medida que te entregues a esta devoción, el Espíritu Santo te indicará cada paso para que puedas servir de la mejor manera a fin de sanar y deshacer los obstáculos que te impiden tomar conciencia del amor en tu mente.

Todo el trabajo del perdón está destinado a retirar estos obstáculos que nos impiden tomar conciencia del amor, para que podamos amar a Dios y a nuestro prójimo como a nosotros mismos. Literalmente, como a nosotros mismos, no como si estuviéramos amando a otra persona: simplemente irradiamos este Auto-amor. Cuanto más somos capaces de perdonar las ilusiones, más amor puede verterse a través de nuestra conciencia, y más conscientes somos de lo poderoso que es el amor. No podemos ser canales de Cristo, canales del Espíritu, cuando tenemos miedo. Esto significa que hemos de practicar momento a momento el suspender nuestros juicios, dudas y temores. La luz esperará hasta que estemos claros y en calma.

Un curso de milagros nos ofrece esta oración: "Estoy aquí únicamente para ser útil. Estoy aquí en representación de

ESTE MOMENTO ES TU MILAGRO

Aquel que me envió. No tengo que preocuparme por lo que debo decir ni por lo que debo hacer, pues Aquel que me envió me guiará. Me siento satisfecho de estar dondequiera que Él desee, porque sé que Él estará allí conmigo. Sanaré a medida que le permita enseñarme a sanar[82]". Esta es una oración preciosa. Yo la usaba cada vez que atravesaba una puerta para entrar en una situación. Tanto si iba a la tienda de comestibles, a la lavandería, a un grupo de *Un curso de milagros,* a visitar a mi abuela, a recoger la comida del gato o a cualquier otro lugar, simplemente hacía una pausa y dejaba que el Espíritu me diera silenciosamente esta oración, porque orientaba mi mente hacia el motivo por el que estaba cruzando esa puerta. Orientaba mi mente a estar allí para ser verdaderamente útil, más que simplemente completar tareas.

No estaba allí para entrar y salir de la tienda de comestibles tan rápido como pudiera, con los mejores precios y los mejores ingredientes. Este era mi antiguo hábito. Cuando iba deprisa y saltaba de una cola a la siguiente intentando ahorrar tiempo, leyendo los ingredientes de los paquetes y comparando precios, me perdía muchos encuentros santos y desperdiciaba mucho tiempo. Antes de que el Espíritu me atrapara, comprar comestibles era algo largo y tedioso. Entonces empecé a rezar la oración. Entraba en la tienda y generalmente compraba algunos artículos, pero estaba sonriendo, me encontraba con gente en los pasillos y hablaba con ellos. Si el Espíritu Santo me guiaba a una cola larga, iba a esa cola larga y entablaba con alguien una conversación maravillosa. Incluso cuando la cajera era nueva y ponía un precio equivocado, o dejaba caer el cambio, yo tenía todo el tiempo del mundo y podía decirle que todo estaba bien.

82. Estoy aquí únicamente para ser útil. Estoy aquí en representación de Aquel que me envió. No tengo que preocuparme por lo que debo decir ni por lo que debo hacer, pues Aquel que me envió me guiará. Me siento satisfecho de estar donde quiera que Él desee, porque sé que Él estará allí conmigo. Sanaré a medida que le permita enseñarme a sanar. UCDM, T-2.V.18:2-6

Cuando recitas esta oración te vuelves paciente y amoroso. Te vuelves útil y estás allí para extender esta actitud. En realidad, no estás allí para comprar los comestibles; eso es secundario. Entonces empiezas a aplicar este "ser verdaderamente útil" a todo, incluso en el trabajo y en las relaciones. Empiezas a decir: "Oh, esto es la sanación de la mente; esto es para lo que mi cuerpo ha de ser usado". Tu mente se pone al derecho y entonces la vida se vuelve muy amable, grácil y fluida.

Una vez, en Bali, estaba pagando unos comestibles y el cajero me dio un trozo de caramelo con forma de corazón, que tenía escritas las palabras: "Te amo" y me hizo el saludo *namasté* (un saludo de amor y respeto que incluye una ligera reverencia con las manos juntas). Yo pensé: "Así es como debería ser comprar comestibles, en lugar de decir 'pase un buen día' y pasar corriendo al siguiente cliente". Había presencia; fue muy hermoso. Esto nos da una idea de cómo podemos vivir la vida con presencia, con gracia, con amor y con la bondad que viene de nuestro corazón.

Todo surge de la devoción, ¡no necesitas descifrarlo!

En el proceso de despertar, a todo el mundo se le da un papel que desempeñar. Pero este papel se da desde dentro. Tú ni siquiera tienes que calcularlo o descifrarlo. Puedes confiar y relajarte. Puedes empezar ahora mismo: puedes respirar profundamente unas cuantas veces y decir: "No tengo que descifrar mi vida". Después respira otra vez profundamente: "No tengo que arreglar mi vida". Y otra respiración profunda: "No tengo que enmendar mi cuerpo". Y otra más: "Ni siquiera tengo que descifrar cómo sustentar este cuerpo, porque, cuando suelto el ego, todo me es dado, todo lo que el cuerpo puede necesitar o usar se me da libremente". Respira. Una pregunta muy difícil que nos solemos plantear en la Tierra es: *¿Cómo voy a ganarme la vida?* El sustento te puede ser dado momento a momento. Lo único que tienes que hacer es entregar tu vida a la presencia del

Espíritu Santo, y si hay una palabra que decir o una sonrisa que dedicar, ocurrirá. ¡Lo que necesites te será dado!

Permítete vivir una vida de devoción, de integridad, para que puedas decir de manera amistosa: "Ven conmigo, ven a ver, acércate más". Esto tiene que ver con la transparencia. Tu manera de vivir la vida puede ser extremadamente transparente porque, cuando tu mente solo alberga lo que piensas con Dios, no tienes nada que ocultar ni que proteger. Puedes permitirte ser un libro abierto cuando vives una vida de devoción. Puedes decir a la gente: ven, acércate más, acércate todo lo que quieras.

Extiende la alegría sin notar diferencias

Me encanta viajar por el mundo y conocer a mucha gente distinta. A veces, alguien viene y me dice: "Soy ateo". Y pasamos juntos un rato genial. Ni siquiera tenemos que entrar en la cuestión de creer o no creer. Solo compartimos la alegría y el amor. Y el Espíritu usa las palabras necesarias: si estoy hablando con un científico, entro directamente en la física cuántica y a ellos les encanta. Se llenan de luz. Y si estoy con alguien que se identifica como cristiano, la cosa deriva hacia la *Biblia*. Lo que les va es: "¡Sí! ¡Alabemos a Dios!" Y cuando estoy con budistas, todo sale al estilo budista. Ellos dicen: "¡Sí, claro!"

Estamos destinados a conectar, a unirnos y a regocijarnos con todos, no a tener disputas por creencias ilusorias. Al final, ¿a quién le importa si una persona cree en Dios o no? Yo me regocijo en el amor, crea lo que crea la persona. En este sentido, el trabajo consiste en no juzgar y en mantener la mente verdadera y completamente abierta. Así, podemos ser verdaderamente útiles, conectar con todos y sentir que no hay barreras.

En una ocasión, fui a una reserva de indios americanos y conocí a una familia formada por un adolescente, su padre y su madre. El padre estaba muy introducido en la tradición nativa americana. La madre había sido educada en el catolicismo. Le interesaba mucho Jesús y no hacía caso a la tradición nativa americana. Pude sentir una gran desconexión entre los padres y el adolescente. Di un paseo con el padre, y el Espíritu Santo se vertió a través de mí usando plenamente los símbolos de los nativos americanos. Hablamos de que no hay fronteras, todo está interconectado y todo es Espíritu. Después fui con la madre. Le hablé en términos cristianos y se sintió muy feliz. Su amor por Jesús era muy fuerte; tuve una gran conexión con ella. Por último fui a dar un paseo con el hijo adolescente, y no le interesaban en absoluto la tradición nativa ni Jesús. Le interesaba la película *Matrix*. Compartimos una profunda conexión porque hablamos en los términos de *Matrix:* Neo, Morfeo, Trinity, los centinelas, etcétera[83]. Cada cual tiene sus propias percepciones, se relaciona con la Fuente a su manera y tiene experiencias profundas, pero la semántica puede ser completamente distinta entre unos y otros. Al Espíritu Santo no le preocupa la semántica ni las aparentes creencias. Por eso entrenamos nuestra mente: para poder estar plena y completamente presentes con quienquiera que estemos. Porque en realidad somos nosotros mismos, y todo lo que realmente deseamos es amor y conexión. Y el Espíritu conoce el camino. El Espíritu nos inspirará y nos mostrará. Puede ser a través de la música; puede ser a través de cualquier cosa.

Cuando te das cuenta de que el cuerpo es una herramienta de comunicación, ves que estás destinado a sonreír a través de él, a reír a través de él, a abrazar a través de él, y a decir palabras amables y bondadosas a través de él. Estás destinado a dejar que la sabiduría de todo el universo se vierta a través del cuerpo. De esta manera enseñarás exactamente lo que quieres aprender. E igual que cuando quieres aprender a montar en bicicleta, tienes que practicar. Nadie se monta en la bicicleta y sale pedaleando la primera vez. Hace falta practicar, a veces con ruedines. Tienes que ser amable contigo mismo cuando

---

83. Y compartimos una profunda conexión porque hablamos en términos de *Matrix:* Neo, Morfeo, Trinity, los centinelas, etcétera. Directores: los hermanos Wachowski, 1999, Matrix, Warner Bros. Pictures.

empieces a enseñar lo que te gustaría aprender. Si tienes amor dentro y no lo dejas salir por algún motivo, tal vez hayas tenido miedo y es posible que te estés preguntando: "¿Qué pasaría si me mostrara amoroso? ¿Qué diría el mundo? ¿Qué esperaría la gente de mí? ¿Se pueden hacer una idea equivocada?" Si todo esto está contenido dentro, tienes que dejarlo salir porque tu propósito es extender amor. Tu felicidad depende de extender amor. Quieres sentirte inspirado por lo que tienes dentro de ti. Quieres que salga y que se extienda a través de ti.

Entonces tu percepción empieza a expandirse, y empiezas a tener la experiencia de que eres más que el cuerpo. Te das cuenta de que no eres el cuerpo, de que el cuerpo solo es un instrumento que está siendo usado en tu despertar. Y entonces, a medida que profundices todavía más, empezarás a tener experiencias de comunión y experiencias místicas en las que trascenderás completamente el cuerpo. Puedes empezar a tener experiencias de sueño lúcido en las que, durante tus sueños nocturnos, estás tan lúcido y tan consciente de que estás soñando que incluso, cuando hay un monstruo, un dragón o un tsunami, simplemente ríes y sonríes consciente de que es un sueño. Te sientes agradecido de saber que estás soñando y no estás a merced de cualquier cosa que parezca estar ocurriendo. Y entonces esto empezará a transferirse también a tu vida de cada día, en la que tendrás esta sensación de ser, la sensación de que estás mirando, observando la vida.

MEDITACIÓN: Sumergirse por debajo de este mundo hacia la luz[84].

Para escuchar una versión grabada en inglés de esta meditación, ve a la dirección http://newharbinger.com/41870

---

84. Meditación: Sumergirse por debajo de este mundo hacia la luz. David Hoffmeister, abril de 2018, "Sumergirse por debajo de este mundo hacia la luz", http://davidhoffmeister.com/diving-under-this-world-to-the-light.

Para ser capaz de extender el Espíritu desde dentro, tienes que dirigir toda tu atención hacia dentro a fin de tener la experiencia de estar conectado con la Fuente. Asegúrate de tener un espacio en el que no te vayan a molestar durante un rato. Tómate un momento para ponerte en contacto con tus pensamientos. Entra en contacto con tus emociones, invítalas a salir plenamente a tu conciencia. Permite que esta meditación te lleve profundamente dentro de tu corazón y de tu ser.

Ahora toma un momento para observar el contenido de tu conciencia. Observa el panorama a medida que va pasando. Observa los pensamientos. Este es el marco en el que se produce la sanación. Estás mirando dentro de la mente. Estás observando, ábrete a la purificación de la conciencia.

Observa los contenidos de tu conciencia de manera muy directa. Estás mirando tu vida, tu mente. No se trata del entorno; no se trata de las personas, de los lugares, de los sucesos ni de las situaciones. Se trata de empezar a ser muy, muy consciente de los contenidos de la conciencia. Imagina que tu conciencia es como una emisora de radio; debes prestar atención y ser consciente de lo que se está retransmitiendo.

Por un breve lapso, deja de estar tan enchufado a los pensamientos del mundo. Deja de limitarte a reaccionar y responder a la gente, a los lugares y los sucesos. Este momento, ahora mismo, es todo lo que hay. Por un momento, permítete ver que todos los recuerdos del pasado, y todas las proyecciones y anticipaciones del futuro, no son sino un juego de locura, una treta para mantenerte distraído del momento presente.

Te invito a hundirte profundamente en lo más hondo de tu mente, a hundirte más allá de estas capas de pensamiento, relajándote muy profundamente. Te invito a abrirte a la quietud y a la presencia que son tu identidad. Ahora, por un momento, no necesitas prestar atención a las cosas del mundo, las vistas y los sonidos. Date permiso para dejar que todo eso se vaya.

No tienes que ser un participante en el mundo de los sucesos, puedes limitarte a observar: contempla. Ya no estás en la carrera de ratas, en el ajetreo, en la prisa, en el ir y venir del tiempo y del espacio, de la gente y de los lugares.

Ahora, muy suavemente, detente, déjate caer y observa. Siente la profunda paz que está ahí cuando no se fuerza, cuando no se empuja ni se lucha. Húndete en un estado mental en el que no hay esfuerzo, solo pura aceptación. Acepta y descansa. Acéptalo todo tal como es ahora mismo.

Observa tus pensamientos como si fueran un desfile que va pasando. Tú no estás en el desfile, solo observas.

Húndete en una paz profunda, muy profunda. Estás con el Espíritu Santo. Húndete por debajo de la creencia en partes, particularidades, situaciones y cosas específicas. Ahonda, ahonda, ahonda en la mente hasta que te sientas muy ligero. Y siente la luz que está allí. Hay una luz que está más allá de los pensamientos, las emociones y las creencias.

Sé un transeúnte. Esta es tu contribución y tu propósito sagrado. La verdad de tu identidad espiritual es residir para siempre en la gracia del Reino del Cielo o en la unidad. Te estoy llamando a salir del mundo de la percepción; te estoy llamando a descansar profundamente dentro, amado hijo de Dios.

Abraza hoy un propósito. Hoy, experiméntalo. Descansa en paz. Descansa en el momento presente. Regocíjate en la felicidad y en ser tal como Dios te creó.

Amén.

Deja que esta experiencia te lleve a tu espacio interno de sanación y quietud, y tómate un poco de tiempo solo para ti mismo. Date cuenta de que no hay tiempo que se pueda emplear mejor. En este descanso sereno, permítete el don de la liberación.

El amor se extiende por su naturaleza

Queremos tener la actitud de estar tan enfocados en la presencia del amor que todas las personas y cosas sean tocadas por ese amor. Invocamos y damos la bienvenida al Espíritu

Santo para que inunde nuestra vida, y el amor y las bendiciones fluirán a través de nosotros. Así es como queremos que sea toda nuestra existencia. Queremos que todo lo que nos rodea esté iluminado, reflejando el amor y las bendiciones del Espíritu Santo.

Todos nosotros estamos siendo llamados a ser obradores de milagros, y no podemos darnos la vuelta avergonzados pensando que deben haberse equivocado al elegirnos. No nos sentiremos contentos con nada menos que con ser obradores de milagros. Todos estamos en el entrenamiento para ser santos, y aunque a veces puede parecer muy duro, tendremos éxito porque el plan de Dios para la salvación no puede fracasar. El plan de Dios para la salvación no requiere egos. Pero la presencia del amor es tan fuerte dentro de nosotros que tenemos el éxito asegurado. Por eso nos ayudamos unos a otros a soltar cualquier emoción oscura, nos reímos juntos, cantamos y rezamos juntos. Esta es la vocación de nuestro corazón, ¡y vamos de la mano!

Finalmente, cuando tomas distancia del ego y compartes la conexión con el Espíritu Santo, mantienes en tu comunicación un espacio de amor y libre de juicio: sin críticas, sin mensajes cruzados, sin dar consejos. Hay un sentimiento de amor y aceptación que es fundamental para limpiar tu conciencia de todos los juicios y agravios. Esta permisividad y la aceptación de que todo sea tal como es conduce a una felicidad constante. Cuando siempre eres feliz, también estás abierto a decir: "De acuerdo, Espíritu, ¿qué quieres que haga?" Es un sentimiento de: "Ofrece amor a todos en todo el universo. Ayuda a hacer que la espiritualidad sea divertida para todos". ¿Cómo se concreta esto? Danzamos y cantamos. Vemos películas asombrosas que abren nuestro corazón. Tenemos experiencias preciosas de encuentro. También hay profundas charlas de corazón a corazón. Ves a amigos allí donde miras, incluso los copos de nieve se convierten en tus amigos. Te sientes conectado con las plantas, con los animales y con las personas. Y te ríes mucho. Te ríes a diario. No pasas ni un solo día sin risa.

Y todo ello surge de dentro de tu corazón.

Durante esta última fase te dedicas mucho a extender el regalo, porque, una vez que experimentas el regalo del amor, él se sigue dando automáticamente. De modo que hay muchos encuentros de colaboración que forman parte de dar este regalo. Tus palabras pueden hablar de la física cuántica, de poesía, de las letras de las canciones. El amor viene de tantas maneras distintas que no sabes cómo va a ser. Esto es una manera de vivir; ¡es un estado mental! Y la forma deja de ser importante. Incluso las palabras dejan de ser importantes. Simplemente brillas y chispeas.

Es tiempo de ofrecer gratitud a lo que es real, a lo que es verdad, y a todos los reflejos de este amor que están por doquier. Descubrirás que, a medida que abres el corazón y la mente, el amor de Dios se refleja en todas las cosas y personas que percibes. En cada dirección que miras, todo está santificado en tu corazón; es un amor profundo e inexpresable. Si no estás experimentando este amor, este amor vasto e ilimitado, entonces permanece abierto, permanece abierto a la risa, a la paz y a las señales y símbolos que te están llamando durante este día y a cada momento a despertar y a estar alegre. El amor siempre está en tu corazón o bien está de camino.

CONCLUSIÓN

VIVIR EN LIBERTAD

Cuando se trata de sanar, no estás limitado por nada. Puedes usar cualquier cosa que abra tu corazón: poesía, música, danza o profundas conversaciones de corazón a corazón. Una vez que abres la mente para superar y deshacer tus hábitos y tus temores, no necesitas dejar que cosas como los condicionamientos y las opiniones te impidan llegar a la experiencia. Estás aquí para tener una experiencia de conexión. Hay caminos a Dios que no emplean palabras y en los que te hundes profundamente dentro, por debajo de los pensamientos y las palabras, y entras en una experiencia directa de la Fuente. Todos podemos entrar en esa experiencia de conexión total; no hay separación en absoluto.

La paz es una experiencia de comunión con el Espíritu, nuestro verdadero Ser. La comunión va más allá del cuerpo y debe trascenderlo. La comunión es la luz del amor. Es la perfecta unidad y la paz tranquila y eterna. Es el retorno a lo real. Esta es la unidad y la pureza de corazón que Cristo, tu verdadero Ser despierto, irradia eternamente. Hay una libertad interminable que surge al recuperar las proyecciones del mundo y adueñarte del poder de tu mente como causa de todo lo que percibes y experimentas. Así, la paz viene de trascender el cuerpo, el mundo y la totalidad del cosmos: el sueño que fue fabricado por la proyección. Esto es libertad.

Esta libertad es la única cosa del mundo que puede darnos alegría. Nos es dada por el Espíritu Santo. Abarca la totalidad del cosmos: todas las galaxias, los agujeros negros, las estrellas y los planetas; es la percepción sanada y el resultado de la mente perdonada. Esta es una respuesta feliz y perfecta a un problema muy loco. Puede parecer que hay muchos pasos para alcanzar esta libertad, pero cuando la alcanzas, te das cuenta de que no hay pasos en absoluto. Cuando llegas al final de los sueños, al final de las ilusiones, Dios te despierta amablemente de este, el último y más profundo de los sueños, a tu verdadero Ser. Los pensamientos del ego ni siquiera pueden entrar en tu mente prístina y santa. La luz se vuelve tan fuerte y brillante que los pensamientos que te tentarían a que fuera de otra manera ni siquiera pueden entrar.

La sanación de la mente es una aventura continua. Es un camino en el que se liberan falsas imágenes, asociaciones de la identidad y autoconceptos. Las situaciones y los encuentros de tu vida representarán ante ti cualquier cosa que hayas expulsado de tu conciencia, pero te vas aproximando y abriendo a un estado de inclusión total, a un estado de desapego y de no afiliación, a un estado de quietud.

En este estado, el Espíritu Santo fluye a través de ti con amorosa aceptación de la totalidad del universo. Esta comunicación con el Espíritu todavía se puede dar con palabras, pero lo conocerás principalmente como una presencia de amor que expulsa todo temor. Es una experiencia que te lleva a decir que jamás conociste a un extraño. Todas aquellas cosas que parecen ser puntos difíciles se vuelven irrelevantes, incluyendo las que rodean a la religión. La experiencia religiosa se convierte en una experiencia de paz mental. Hindú, musulmán, cristiano... no importa, porque la paz es una experiencia que literalmente trasciende todas las teologías y todos los conceptos.

En esta libertad hay una sensación de Hogar. Es una presencia en la que estás en Casa. Es un estado en el que el Cielo y la Tierra dejan de existir como estados separados[85].

---

85. En esta libertad hay un sentimiento de Hogar. Es la presencia de estar en casa. Es un estado donde Cielo y Tierra dejan de existir como estados separados. UCDM, T-1.III.2.1.

El Cielo está aquí y es ahora. Esto es lo que lo convierte en un estado feliz; no es un estado futuro. No es algo que deseas y esperas. Es un estado real. Viajar por todo el mundo y conocer a personas de distintas culturas, con distintas lenguas y tradiciones, ha sido un regalo para mí. Es una fiesta divina. Y es una fiesta continua porque no hay que establecer ni que demostrar nada.

¡Esto es lo divertido! No tiene absolutamente ningún sentido. Cuando la gente me pregunta:

—¿Qué sentido tiene este mundo?

Yo digo:

—En realidad, no tiene ningún sentido.

La voluntad de Dios para nosotros es perfecta felicidad, de modo que si realmente necesitas fabricar algo como un sentido o un propósito, tendría que ser la felicidad. Alineamos nuestra mente con el propósito del Espíritu Santo y eso nos aporta paz y felicidad. La luz del Espíritu Santo simplemente es. Cuando se retira la resistencia a la paz, la luz brilla sin obstrucciones en la conciencia.

Cuando hacemos este viaje con el Espíritu Santo, no nos falta nada, y por lo tanto no queremos nada. La primera línea del salmo veintitrés dice: "El Señor es mi pastor, nada me falta". Esta línea parece contenerlo todo, porque explica el sentimiento de plenitud en el que, a cada momento, todo es dado. Todo sigue el orden divino. Todo es perfecto. No falta nada. Por lo tanto, no hay un sentimiento de ambición ni de intentar luchar por algo, y no tienes ningún objetivo de futuro. El contentamiento es un penetrante sentimiento de plenitud en el que el mundo no tiene que ser diferente de lo que es. Ninguna situación que percibes tiene que ser distinta de lo que es.

La totalidad de este viaje de sanación y perdón está contenido en el proceso de perdón. La iluminación, o el conocerse a uno mismo, es lo que completa este proceso. La iluminación está en la cima de la montaña, en el pináculo de todo este esfuerzo. En ese punto, el Espíritu Santo deja de ser un mensajero o un puente. El Espíritu Santo ya no es un agente ni un vehículo de comunicación necesario, puesto que somos uno. Somos Espíritu, uno con Dios.

Después de leer este libro y de hacer los ejercicios, es posible que ahora hayas descubierto que puedes confiar en que hay un verdadero propósito para todas las cosas, y esto produce pura alegría y paz mental. Esta es la experiencia mística de la sanación y el despertar. Dejar ir las ilusiones no tiene consecuencias, simplemente es una experiencia gloriosa de lo que es real y natural a cada momento. ¡Atraviesa el vacío y ven a la totalidad de ser! ¡El medio es el milagro!

Ahora eres libre de elevarte con alegría, pues los dramas y los juegos han acabado. Ya no necesitarás volver a convocarlos a la conciencia. Alégrate de que hayan pasado y recuerda el regalo que te ofreció el perdón. El manto de paz se extiende suavemente sobre la Tierra, y tú descansas en una mente serena que permanece invulnerable para siempre.

Pues el milagro es algo que es ahora,
se encuentra ya aquí,
en gracia presente,
dentro del único intervalo de tiempo
que el pecado y el miedo han pasado por alto,
pero que, sin embargo, es el único tiempo que hay.[86]

---

86. Pues el milagro es algo que es ahora. Se encuentra ya aquí, en gracia presente, dentro del único intervalo de tiempo que el pecado y el miedo han pasado por alto, pero, sin embargo, es el único tiempo que hay. UCDM, T-26.VIII.5:8-9.

GRATITUD Y RECONOCIMIENTOS

Este libro, como todos los aspectos de la Fundación para el Despertar de la Mente, una organización sin fines de lucro, es el fruto del amor. Ofrezco mi profundo aprecio al Espíritu Santo, a New Harbinger Publications y a todos aquellos cuya pasión ha hecho que este material esté disponible en forma de libro para que muchos puedan beneficiarse de esta sabiduría interna. Quiero reconocer las incontables horas de esfuerzo con las que ha contribuido el equipo de publicaciones de la Fundación para el Despertar de la Mente. Gracias a Jenny y a Greg Donner por crear el equipo y por vuestra dirección constante y colaboración continuada. Me siento eternamente agradecido.

RECURSOS

Niveles de la mente: http://levelsofmind.com. Detalla los niveles del proceso mental usando tanto textos como vídeos.

Spiri, tu asistente espiritual: http://facebook.com/Your. Spiri/. Este "robot" ha sido desarrollado a partir de los Instrumentos de Paz y de los Niveles de la Mente, y es una guía interactiva para dejar atrás disgustos (esto se ha explorado a lo largo del libro). Es la versión moderna del instrumento de paz. Para más información sobre Spiri, visita http://spiri.ai/.

Living Miracles: http://livingmiracles.org. Esta página web gratuita permite que el individuo que se inscriba reciba un noticiario mensual, explore oportunidades de voluntariado y se vincule más directamente con Living Miracles. Incluye una lista gratuita de eventos (leída por mí). También hay una herramienta de búsqueda que es útil para los que quieren identificar contenido específico y las ideas que se presentan en el Curso.

Experiencia Desenreda Tu Mente de 30 días de duración: http://circle.livingmiraclescenter.org/uym30day. Llamamos a este programa la Experiencia de Desenredar Tu Mente [Unwind Your Mind Experience]. Los suscriptores reciben treinta días de emails, recursos, canciones, oraciones y meditaciones, y tienen acceso a un grupo de apoyo en línea, además de películas en línea cada sábado. Todo esto se ofrece gratuitamente y está basado en el Curso.

Hogar en Cristo [Home in Christ]: http://the-christ.net. Esta página gratuita da la bienvenida a UCDM a individuos de

educación cristiana ofreciendo servicios dominicales y una
variedad de recursos menos metafísicos y más devocionales.

Profesor no dual David Hoffmeister: http://nondualtea-
cher.com. Esta página gratuita contiene una colección de mis
charlas en vídeo que omiten los conceptos religiosos y enfa-
tizan los conceptos metafísicos y de la no dualidad moderna
de UCDM.

Canal de YouTube de David Hoffmeister: http://youtube.
com/user/DavidHoffmeister. Este canal de YouTube gratuito
tiene cientos de horas de vídeo de mis charlas y enseñanzas,
y una gran cantidad de vídeos que también están subtitulados
en otras lenguas.

DAVID HOFFMEISTER

El maestro espiritual internacionalmente reconocido David Hoffmeister es un místico moderno y la demostración viviente del camino no dual de *Un curso de milagros.* Inspiradas por el Advaita Vedanta, el misticismo cristiano y el deseo de muchos de vivir una vida de devoción, han surgido comunidades en todo el mundo que siguen las enseñanzas prácticas de Hoffmeister para el Despertar de la Mente. Sus enseñanzas son para todos, y él abarca todas las tradiciones, utilizando como terreno común las películas, a modo de modernas parábolas, y el cambio en las teorías científicas de la visión newtoniana del mundo a la cuántica.

Alan Cohen, autor del prólogo, ha escrito veinticuatro libros inspiradores, entre los que se incluyen su éxito de ventas *The Dragon Doesn't Live Here Anymore,* el ganador de premios *A Deep Breath of Life,* y el clásico *Are You as Happy as Your Dog?* Contribuye a la serie del periódico *New York Times, Chicken Soup for the Soul,* y sus libros han sido traducidos a veinticuatro idiomas. Su trabajo se ha presentado en www. oprah.com y en *USA Today, The Washington Post,* y *101 Top Experts.* Su programa de radio, *Get Real,* se emite semanalmente en Hay House Radio y su columna mensual, *From the Heart,* se presenta en numerosas revistas de distintos países.